한자에서 憩(쉴 게)는 일본 발음으로는 이꼬이라고 읽고 우리말로 '쉼, 휴식'이라는 뜻을 가지고 있다. 2011년 이촌동에 위치한 나의 첫 식당을 위해 할아버지께서 지어주신 이름으로, 초심을 잃지 않기 위해 나의 브랜드 네임으로 사용 중이다. 마음의 쉼이 있고(心 마음 심), 건강한 조식의 맛이 있으며(舌 혀 설), 오롯이 나에게 집중하여 나를 돌아볼 수 있는(自 스스로 자) 치유의 시간을 제주의 이꼬이앤스테이에서 채워가시길 기원한다.

정 지 원

구제주 동문시장 일대에 새로운 활기를 불러일으킨 B&B 콘셉트의 제주 '이꼬이앤스테이' 주인장이자 오너 셰프. 2011년 문을 연 동부이촌동 일본식 가정 요리집 '이꼬이' 또한 동부이촌동 이촌종합시장의 상권을 활성화시켜 동네 주민은 물론 멀리서 찾아오는 손님까지 단골 많은 가게로 유명해졌다. 동부이촌동 이꼬이는 아쉽게도 2016년 정리하고 지금은 제주 이꼬이앤스테이 운영에 집중하며 여의도 '살롱 드 이꼬이' 쿠킹 스튜디오에서 요리 수업과 브랜드와의 협업 작업을 병행하고 있다. 제주의 제철 식재료와 갓 지어낸 고슬고슬한 솥밥으로 차려지는 이꼬이앤스테이의 조식은 이곳의 시그너처가 되어 숙박 예약이 안 되면 조식만이라도 판매해달라는 손님들의 요청이 끊이질 않는다. <이꼬이에 놀러 왔어요>는 제주 이꼬이앤스테이 10주년을 기념하며 그곳을 다녀간 손님들이 남긴 방명록 기록과 함께 그녀가 제법 오랜 요리 인생을 거치면서 발견한 맛 그리고 이를 토대로 한 이꼬이 인기 메뉴를 쉽고 편하게 배울 수 있는 레시피 북이다.

www.ikkoi.co.kr | @ikkoi

제주에서 만나는 정지원 셰프의 조식 이야기
이꼬이에 놀러 왔어요

추천사

"이꼬이에 또 놀러 가고 싶어요."
평생 주방 일을 하느라 가족끼리 제대로 된 휴가를 몇 번 못 갔었는데 어렵게 시간을 맞춰 손녀들과 가족 여행을 가서 묵은 이꼬이앤스테이. 그곳에서의 기억과 함께 원고를 읽는 내내 같은 일을 하는 1인으로서 유난히 절절하게 가슴을 후비고 들어오는 글귀들에 잠시 먹먹해졌다.
단순한 재료로 귀티 나는 음식을 요리한 지원 대표의 손길 하나하나가 마음속에서 선명하게 읽혔으며 사진의 색감과 구도 또한 중량감 있어서 여느 요리책과는 확연히 다른 느낌이 들었다. 무엇보다 남을 위한 밥상을 차리면서 자신과의 수많은 대화와 싸움을 거듭하는 순간들에 대해 숨김없이 기록한 내용과 혼자서 해내기에는 결코 쉽지 않은 일을 오랜 시간 동안 숙명처럼 이어온 것이 남의 일 같지 않았다.
'요리책을 이렇게도 만들 수 있구나' '폰만 열면 레시피가 넘쳐나는데 요리책이 팔릴까 싶은 요즘 시대에도 책을 만드는 건 사명감이지'라는 생각이 드는 책이다.
나와 내 가족이 먹는 것 이상으로 음식을 만들면서 내가 먹는 것보다 내 음식을 먹어주는 사람들의 빈 그릇에 뿌듯해하고 새로운 동력을 얻는 모습은 확실히 팔자인 것이 맞는 듯하다.
책을 읽고 나니 '음식으로 치유를 해주며 스스로도 치유받는 사람이 진정으로 요리하는 사람이지 않을까' 하는 생각이 들었다. 요리는 단지 매개체이며 삶을 이야기하고 반추하게 되는 책이다.
나 자신 수없이 많은 요리를 해왔지만 이꼬이앤스테이의 비밀 레시피를 획득한 쾌감이 넘치는 행복감을 안겨준다. 일하느라 차 순위로 밀려 있던 가족들을 위해 이꼬이만큼 할 자신은 없지만 최대한 근사치에 가깝게 아침 밥상을 차려주고 싶다는 욕심을 부려본다.
잠시 머물렀다 힐링되어 떠나오는 사람들은 알지 못하는 자잘하고 끝이 없는 뒷일이 많을 이꼬이앤스테이와, 가르치는 보람의 탤런트를 발휘하는 살롱 드 이꼬이에서 건강한 모습으로 오래도록 만나기를 기원한다.

조희숙(셰프)

제주의 이꼬이앤스테이에 가면 방명록부터 펼쳐본다. 이꼬이앤스테이 방명록은 손님들이 남긴 감사의 글, 제주 여행의 소감, 다녀온 곳의 정보로 가득하다. 이렇게 따뜻한 제주 가이드북이라니. 게다가 모두 글씨도 예쁘게 쓰고, 그림도 수준급으로 그리는 '금손'들이시라 보는 즐거움이 아주 크다. 2014년부터 매년 권수를 늘려가며 쌓은 이 방명록을 보면서 새로운 제주 여행지를 알게 되고, 주인장이 매일 아침 따뜻한 솥밥에 뭘 얹었는지, 어떤 제철 반찬을 준비했는지도 확인하게 된다.

<이꼬이에 놀러 왔어요>는 아무 연고 없이 제주에 홀로 내려와 지난 9년 동안 이꼬이앤스테이를 운영해온 정지원 대표가 이 방명록을 써준 손님들에게 매일 아침 차려냈던 조식 레시피 북이다. 요리 선생님으로, 셰프로 오랫동안 '프로페셔널하게 맛있는 집밥'을 만들어온 그녀이기에 제주 민속오일장이 열리는 날이면 이른 새벽에 나가서 그때그때 가장 신선한 제주의 식재료를 사다가 준비한 이꼬이앤스테이의 조식은 매일매일의 제주를 담은, 가장 제주다운 제철 음식이었다.

이 책은 이꼬이앤스테이의 조식을 따라 해볼 수 있는 레시피 북이기도 하지만 제주의 제철 식재료로 만든 음식을 보여주는 '제주 제철 음식 아카이브 북'으로서 그 가치가 더 커 보인다. 제주의 자연을 좋아하는 분에게, 제주에서 맛본 제주황돔(뱅꼬돔)구이와 데친 고사리볶음이 그리운 분에게, 이 책을 권한다.

신혜연(BBC Goodfood Korea 편집장)

정지원, 그녀의 닉네임은 우리들에게 '이꼬이'로 통한다. 이꼬이 누나, 이꼬이 언니 등등으로…. 또 친한 지인 중 한 명은 "지원이는 버릴 게 1도 없다"라고 한다! 그녀가 쓴 책, 그녀의 음식은 늘 설레고 기대가 된다. 그녀가 가끔 "뭐 먹고 싶어?"라는 말을 하면 그 순간부터 그녀의 음식을 맛볼 날이 기다려진다. 오죽하면 저 조식을 먹으려고 금, 토, 일 제주도를 갔겠는가! 그리고 여러분이 잘 모르는 사실 하나, 난 그녀에게 코로나 시국에 두 번의 요리 수업을 들었다. 칭찬도. 하하하. 오버하지 않고 딱 시키는 대로 했다. 그리고 사실 둘, 난 자가 격리를 세 번이나 했다. 총 35일 동안의 세끼를 거의 매일 이꼬이 누나에게 문자로, 전화로 레슨을 받으며 음식을 했다. 때론 꼼꼼하고, 때론 깐깐하고 완벽히 설명해준 덕분에 뚝딱 곧잘 하는 음식도 있다. 내 미식의 세계, 음식의 맛에 대한 넥스트 레벨을 만들어준 그녀에게 이 자리를 빌려 감사함을 전한다. 책을 통해 진지하고 또 따뜻한 그녀의 음식 향이 독자들에게 전해지길 바란다.

김영철(개그맨 겸 가수)

contents

part. 1
제주의 이꼬이앤스테이

샐러드와 반찬류
- 030 당근샐러드
- 032 토마토샐러드
- 034 감자샐러드
- 036 멸치샐러드
- 038 유부톳조림
- 040 무청시래기조림
- 042 고구마줄기조림
- 044 단호박조림
- 046 우엉조림
- 048 다시마조림
- 050 데친 고사리볶음
- 052 애호박밥새우볶음
- 054 조선호박표고양파볶음
- 056 한치레몬볶음
- 058 표고버섯볶음
- 060 아삭아삭 연근조림
- 062 간단무침 3품
- 064 고춧잎연겨자미소무침
- 066 무당근초절임
- 068 가지간장절임
- 070 유즈코쇼오이절임
- 072 뿔소라오이초절임
- 074 돼지고기감자조림
- 076 간장에 조린 삼겹살찜
- 078 깨소스를 곁들인 닭가슴살냉채

생선 요리
- 096 생선구이
- 100 생선조림

솥밥
- 104 백미솥밥
- 106 완두콩솥밥
- 107 옥수수솥밥
- 108 톳솥밥

국

- 110 시금치두부미소국
- 112 표고버섯얼갈이미소국
- 113 양파래디시 영양부추미소국
- 114 부추팽이미소국
- 115 호박감자두부미소국
- 116 명란감자달걀국
- 118 황탯국
- 119 오이미역냉국
- 120 생선미역국

디저트

- 122 금귤절임
- 124 고구마레몬조림
- 126 무화과와인조림
- 128 보늬밤
- 130 곶감버터말이

저장 식품

- 134 제피열매절임
- 136 고사리피클
- 138 비트피클
- 140 콜리플라워당근피클
- 142 생강초절임
- 144 양하간장절임
- 144 양하식초절임
- 146 제피잎간장절임
- 148 제피잎고추장
- 148 제피미소
- 150 청매실장아찌
- 152 표고버섯간장절임
- 154 토마토매실절임
- 156 무화과잼 & 딸기잼
- 158 하귤잼
- 160 안초비

contents

part. 2
정지원 셰프의 조식 이야기

164 　이꼬이앤스테이의 조식 풍경
174 　서양식 조식 이야기
178 　조식 식재료 쇼핑

part. 3
이꼬이에 놀러 왔어요

186 　제주 이꼬이앤스테이
192 　제주 이꼬이앤스테이에 놀러 온 손님들 이야기
196 　방명록에 남겨진 이꼬이 이야기

part. 4
정 반장의 동네 이야기

200   정 반장의 걸어서 동네 한 바퀴
208   정 반장의 차 타고 동네 한 바퀴
216   손님들이 소개하는 제주 명소

part. 5
살롱 드 이꼬이

226   살롱 드 이꼬이
234   살롱 드 이꼬이 쿠킹 클래스
236   이꼬이의 주방 도구
238   냉장고 털기

prologue

"이꼬이에 놀러 오세요"를 외쳤더니 '이촌동 이꼬이'도 '제주 이꼬이앤스테이'도 정말 많은 친구가 놀러 왔다. 가족처럼 지내는 이꼬이 단골손님, 이촌동 이꼬이 음식을 그리워하는 손님(이촌동 이꼬이는 2016년 10월 말로 폐업했다)들을 비롯해 누군가의 SNS를 보다가, 누군가의 소개로 또는 지나가는 길에 간판 보고 '찜콕'했다가, '스테이폴리오'에서 우연히 발견했다가 들른 손님들…. 그렇게 수많은 사람과 인연이 되어 9년이라는 시간을 꽉 채웠다. '한 번도 안 온 사람은 있어도 한 번 온 사람은 없다'는 고마운 인연과 사연이 쌓여 이제 10년을 향해 출발하게 되었다.

매일 아침 손님들과 첫인사로 어제 잠자리가 불편하지 않았는지를 묻고 저녁은 뭘 먹었는지, 다음 행선지가 어디인지, 마무리하는 손님에겐 제주에서 제일 좋았던 곳은 어디인지 물어본다. 제주 추천 장소는 주인장도 손님들에게 제일 많이 받는 질문이다. 입도하고 2년 정도는 여기저기 많이 다녔지만 운전도 싫어하고(미국을 가지 않았다면 장롱 면허로 끝났을지도), 스태프 없이 혼자 운영하기에 심적으로 외출이 만만치 않아서 점차 제주 투어가 줄어들게 되었다. 그래서 이꼬이앤스테이를 방문해주시는 손님들을 통해 제주에서 가볼 만한 곳의 정보를 계속 업데이트하고 그 정보를 다시 손님들께 알려드리고 있다. 그리고 두 번째로 많이 받는 질문은 바로 "혼자서 운영하기 힘들지 않으세요?"라는 것. 그럴 때마다 "물론 힘들지요. 그런데 스태프를 쓰는 건 저 놀자고 그러는 거더라고요. 어떤 날은 힘들어서 그만둘까? 하다가 남겨둔 방명록을 보면 힘이 나요"라고 말한다.

오신 손님들께서 방명록을 열어보고 한마디씩 한다. "다들 어쩜 이렇게 정성스럽게 쓰시는지! 아니 글씨는 왜 이렇게 잘 쓰시고, 그림은 또 왜 이렇게 잘 그리세요!" 얼마 전 셀럽인 후배가 본인 사인 정도 남겨보려고 하고 방명록을 펼쳤다가 당황해하던 모습이 생각난다. 방명록을 차분하게 읽으며 제주를 떠날 손님들은 못 가본 장소를 발견하면 후일을 기약하며 저장해두고, 제주 여행을 시작하는 분들은 뜻밖의 추천지에 꼼꼼히 메모를 하거나 기존에 좋았던 곳을 추천하기도 한다. 방명록을 읽다가 비행기 시간이 다 되어 후다닥 올라가시는 분들이 생기기 시작했다. 머무는 장소가 같아서일까? 비슷한 나이와 고민, 상황을 공유하고 공감하면서 '아… 나만 힘든 게 아니구나' 하며 위로를 받는 듯하다. 나 또한 그러하다. 방명록에 이꼬이앤스테이 이야기는 쓰지 말라고 해도(여느 방문 후기 글 모이듯 방명록 기록을 남기고 싶지 않기에) 내 맘속에 들어갔다 왔는지 내가 듣고 싶은 단어만 쏙쏙 모아서 남겨놓고 간다.

어느 날 방명록을 읽다가 10년쯤 되면 방명록을 엮어서 책을 내고 싶다는 생각을 막연히 했었다. 책을 통해 이꼬이앤스테이를 다녀간 손님들과 추억을 공유하고, 과거의 나를 만나며 반갑게 인사하고 싶었다. 그런 내 맘이 통했나? 유독 2022년에는 초창기 손님들이 오랜만에 찾아주셨다. 손님들은 과거에 남긴 방명록을 찾아보고 혼자 생각에 잠기기도 하고, 거기에 덧붙여 지금의 방명록을 남기기도 했다. 과거와 현재를 연결하고 더불어 미래를 꿈꾸게 하는 방명록이라니.

보기에도 근사한 방명록은 이촌동 이꼬이 단골손님이 오픈을 축하한다면서 아무 방명록이나 쓰지 말라며 3년간 매년 보내주셨다. 덕분에 방명록을 근간으로 책을 만들겠다는 건 처음부터 계획에 있었던 것처럼 짜 맞춰진 이야기가 되었.

이꼬이앤스테이는 나 혼자 만드는 게 아니라 잊지 않고 찾아주는 이들과 함께 만들어가고 있다. 이촌동 이꼬이도 폐업한 지 6년이 지났는데 잊지 않고 "이꼬이는 돌아오라!!!"를 외쳐주셔서 참 감사한 일이다. 정직하게 살아가야 할 이유로 더도 덜도 말고 처음의 마음 변치 말자 다짐하며 살아간다.

•

"마지막 조식을 먹으면서 이 맛을 잊고 싶지 않아서
한 번 먹을 때마다 열 번씩 씹고 음미하며
아쉬워했고 벌써부터 그리워했다."

•

"이꼬이앤스테이에서 머릿속을 비우고
맛있는 조식으로 영혼을 채우고
몸과 마음에 '쉼'을 주고 갑니다."

•

"요즘 마음이 허했는데 신기하게 마음까지 배가 부른 기분이네요.
아침마다 정성이 가득한 한 상에 윤기 나는 솥밥이
오늘 하루를 응원해주는 것 같아 힘이 나요."

•

"10년 가까이 매일 지어낸 솥밥!
이꼬이앤스테이의 조식은 세월이 더해갈수록
맛이 간결하며 단단해지고 있네요."

•

"여러 번 다녀간 제주에
이렇게 좋은 맘 가득한 건 처음."

•

"평소에는 챙겨 먹지도 않는 아침 식사가 이곳에서는 참 소중했어요.
한 번뿐인 오늘을 이곳에서 보낼 수 있어서 행복했습니다.
여행 날에 우연히 축제가 있었던 것도, 꿀을 가져가는 나비를 지켜본 것도,
저녁 해가 바다에 빠지는 걸 감상했던 것도 오래오래 가슴에 간직하겠습니다."

책에 소개한 요리를 만들기 전 읽어두세요.

· 모든 레시피는 계량컵과 계량스푼을 기준으로 정리했습니다. 1큰술은 15ml, 1작은술은 5ml 그리고 1컵은 200ml입니다. 단 이꼬이앤스테이에서 선보이는 요리의 맛을 최대한 정확하게 표기한 것이기는 하나 양념의 분량은 입맛에 따라 적절히 조절하기를 권합니다.

· 책에 수록된 요리는 몇 인분인지 별도로 표시하지 않았습니다. 각 요리는 이꼬이앤스테이에서 서빙하는 것을 기준으로 레시피를 정리했으며, 일반적으로 2~4인이 요리 한 접시를 함께 즐기기 좋은 분량임을 참고하기 바랍니다.

· 요리의 양념 재료는 가능한 한 책에서 소개한 재료를 그대로 이용해보기를 권합니다. 집에 구비되어 있는 별도의 양념을 사용해도 상관없으나, 같은 재료로 요리한다면 이꼬이 본연의 맛을 보다 확실하게 느껴볼 수 있을 것입니다. 이꼬이에서 사용하는 제품은 다음과 같습니다. 간장(기꼬만 간장), 미림(롯데푸드), 청주(백화수복), 식초(현미식초).

part. 1

제주의 이꼬이앤스테이
제주로 간 정지원 셰프

샐러드와 반찬류 030
생선 요리 092
솥밥 102
국 110
디저트 122
저장 식품 132

누군가 이야기한다. 매일매일 아침밥을 하는 게 힘들지 않느냐고. 안 힘들다면 거짓말이다. 가끔은… 진심 힘들다. 친구들이 놀러 와 새벽 2시까지 술을 마신 날도 6시에 일어나 조식을 준비한다. 조식 시간에 맞춰 깔끔하게 나타나는 친구들을 보면 부럽기까지 했다.
하지만 친구들과 새벽까지 술 마실 일이 자주 있는 것도 아니고 나이 덕분인지 요즘은 9시만 넘으면 졸기 때문에 전화기도 다 끄고 일찍 잠들어서 그나마 컨디션 관리가 되고 있다. 조식 준비로 힘든 건 잠깐의 순간일 뿐! 깨끗하게 비워져 나오는 그릇을 보면 언제 그랬느냐는 듯 힘이 절로 난다. 재료 하나하나에 집중해서 최소의 양념으로 준비한 조식을 먹으면서 본인이 싫어하는 가지와 우엉에서 이런 맛이 난다고 놀라며 "너무 맛있어요"를 연신 외쳐주시는 손님들은 연령층이 다양해 더 보람을 느낀다. 엄마가 아이들에게 "너 집에서 당근 안 먹잖아!" 하면, "그건 맛이 없잖아!" 그러면서 "더 주세요!" 외치는 꼬마 손님들과 "그동안 내가 먹었던 건 뭐였죠?"라고 이야기해주시는 손님들 덕분에 내가 지금 매일 하고 있는 일이 틀린 게 아니구나 생각하며 또 하루를 열심히 살아간다.

당근샐러드

Ingredients
당근 1개(180g 전후), 양파 1/4개, 다진 마늘 1작은술, 포도씨유 약간
소스 화이트 와인 식초 1큰술, 씨겨자(홀그레인 머스터드) 1큰술

Recipe
1. 당근과 양파는 채 친다. 마늘은 칼로 곱게 다진다.
2. ①의 재료를 모두 섞어 전자레인지 용기에 담고 포도씨유를 한 바퀴 두른 뒤 전자레인지에 1분 30초 돌린다.
3. ②에 화이트 와인 식초, 씨겨자를 넣고 잘 섞은 후 한 김 식혀서 보관한다.

제주 동쪽 구좌 지역의 특산물인 당근으로 만든 당근라페 스타일 반찬. 반찬으로 먹기에 씹히는 식감을 좋아해서 전자레인지에 살짝만 돌려 한 숨 죽이고 화이트 와인 식초와 마늘 약간으로 당근 특유의 향을 없애서인지 당근을 싫어 하는 분들도 잘 드신다. 조식 시간에 종종 듣는 말. "집에서 당근 안 먹잖아?" "집에서 해준 건 맛이 없잖아요!" 이럴 때마다 배신감을 느낀다고는 하지만 꼭 레시피를 물으신다. 레시피를 알려드릴 때 매번 강조하는 포인트가 재료의 원산지로 구좌 당근을 추천하는 것이다. 손님들이 레시피를 듣고 집에 가서 만드는데 이상하게 육지 당근으로 하면 맛이 다르다고 한다.

레이지해븐 사무실 오프닝 때문에 고창에 갔다가 김밥 재료를 사려고 동네 마트에 갔더니 "세척 당근은 중국산이에요"라고 했다. "네? 중국산이요?" 제주에서 단골 가게는 세척 당근도 흙 당근도 모두 제주산인지라 당연히 제주산이라고 생각한 1인. 혼자 엄청 웃었다.

당근샐러드는 취향에 따라 캔 참치 기름을 쏙 빼고 섞어주거나 단맛이 좋다면 말린 망고 또는 크랜베리를 넣어 샌드위치 속 재료로 만들어 넣어 먹어도 맛나다. 특히 크루아상에 버터를 두툼하게 넣고 루꼴라 약간, 당근샐러드 듬뿍 올려 냉장고 털기 샌드위치로 자주 만들어 먹는다.

토마토샐러드

Ingredients
토마토 1개, 양파 2개, 통후추 약간

절임초 간장 3큰술, 미림 3큰술, 술 3큰술, 현미 식초 3큰술, 포도씨유 3큰술, 소금 2작은술, 설탕 1큰술

Recipe
1. 양파는 0.3cm 폭의 편으로 썬다.
2. 볼에 분량의 절임초 재료를 모두 넣고 설탕과 소금이 녹을 때까지 잘 섞는다.
3. 밀폐 용기에 ①의 양파를 담고 ②를 부어 실온에 2일 정도 숙성시킨다.
4. 토마토는 반으로 잘라 얇게 편으로 썬다.
5. 접시에 토마토를 담고 ③의 양파절임 3큰술을 올린 후 통후추를 갈아서 뿌린다.

이촌동 이꼬이의 인기 술안주였던 양파절임을 토마토 위에 듬뿍 올려 먹는 반찬. 특히 햇양파 시즌에 가득 담아 김치냉장고에 보관해서 먹으면 오래 먹을 수 있다. 어머니와 외할머니도 좋아하셔서 드레싱 대신 양파절임을 샐러드에 올려 매일 아침 드신다. 믿거나 말거나 어머니는 양파절임을 매일 드시고 혈압 수치가 좋아지셨다.

감자샐러드

Ingredients

감자 500g, 삶은 달걀 4개, 버터 3큰술,
다진 생이탤리언 파슬리 1큰술, 마요네즈 3큰술,
소금·후춧가루·통후추 약간씩

Recipe

1. 감자는 삶아서 한 김 식힌 뒤 버터를 넣어 함께 으깬다.
2. 삶은 달걀은 다진다.
3. 볼에 식힌 으깬 감자, 다진 삶은 달걀, 다진 이탤리언 파슬리, 마요네즈, 소금, 후춧가루를 섞는다.
4. 그릇에 담아 서빙할 때 통후추를 갈아서 한 번 더 뿌리고 이탤리언 파슬리를 살짝 뿌려 낸다.

제주에서 구좌 당근 다음으로 유명한 감자를 사용해 만든 감자샐러드는 이촌동 이꼬이 시절에도 인기 메뉴였다. 제주 민속오일장에서 발견한 구좌 감자의 구입처를 찾아 감자를 바꾸자 감자 요리들의 매출이 올랐었다. 역시 요리의 핵심은 좋은 재료가 가장 우선임을 다시 한번 느끼게 해준 경험이었다.

20년 전에 한 프렌치 셰프님의 특강에서 맛있는 매시트포테이토 만들기 시간에 받았던 팁도 공유해본다. 삶을 때 물과 우유를 1:1로 섞어 감자가 살짝 잠길 정도로 넣고 삶은 후 감자가 익으면 풍미 좋은 버터를 넣어 으깬다. 냄비에서 으깬 후 불에 올려 살짝 볶으며 수분을 날린다. 그러면 포슬포슬한 으깬 감자가 된다. 이처럼 마요네즈 사용량을 조금 줄이고 버터 풍미 가득한 감자샐러드로 만드는 게 비법이다.

멸치샐러드

Ingredients
볶음용 멸치 100g, 마늘 2톨, 홍고추 1개, 청양고추 1개,
샐러드 채소 적당량, 술 2큰술, 설탕 4큰술
간장·올리브유·발사믹 식초 약간씩

Recipe
1. 팬에 올리브유를 두르고 슬라이스한 마늘, 다진 홍고추와 청양고추를 볶다가 향이 올라오면 멸치를 넣고 볶는다.
2. ①의 팬에 술을 부어 멸치의 비린 향을 날린다.
3. ②에 설탕을 넣고 중간 불에 설탕을 녹이면서 볶는다.
4. 설탕이 다 녹으면 간장을 넣고 한 번 더 살짝 볶는다.
5. 샐러드 채소는 한 입 크기로 자른 후 물기를 빼둔다.
6. 그릇에 ⑤를 담고 볶은 멸치를 올린 후 올리브유와 발사믹 식초를 살짝 뿌려 서빙한다.

Tip
달군 팬에 멸치를 볶은 후 페이퍼 타월에 올려 습기를 제거한다.

이꼬이앤스테이 서비스 안주로 인기 많았던 매콤한 멸치볶음. 멸치 사이즈를 줄이고 샐러드드레싱 대신 뿌린 다음 올리브유를 살짝 두르면 '단짠'의 조합으로 밥반찬과 술안주 모두 인기 만점의 메뉴가 된다.

유부톳조림

Ingredients

쪄서 말린 톳 25g, 냉동 유부 2장, 당근 약간

조림 소스 다시마 우린 물(찬물 200ml에 10x10cm 다시마 1장을 넣고 1시간 정도 우려낸 것) 100ml, 간장 2큰술, 설탕 2큰술, 미림 1큰술

Recipe

1. 톳은 물에 20분 정도 불린 후 체에 밭쳐 물기를 뺀다.
2. 유부는 끓는 물에 데친 뒤 물기를 짜서 곱게 채 친다. 당근도 채 썰어놓는다.
3. 조림 소스 재료를 모두 냄비에 넣고 불에 올려 설탕이 녹으면 물기 빠진 톳과 유부, 당근을 넣은 후 중간 누름 뚜껑을 덮어 조린다.

제주 음식점에서는 보통 건조한 톳을 데쳐서 무쳐 반찬으로 내준다. 이꼬이앤스테이 조식에 사용하는 톳은 쪄서 말린 톳(히지키)을 사용한다. 제주산을 찾기 전엔 매번 일본에 가서 구매해왔었다. 그러던 어느 날 제주 민속오일장에서 히지키를 발견! 하지만 어느 날 사라져서 여쭤보니 구매하는 고객은 오로지 나 혼자였다고 한다. "이제 판매 안 하니 업체에 가보세요." 소개를 받고 1시간을 운전해서 대정까지 달려갔다. 근처에서 헤매다 전화를 드리니 소매로는 안 판다고 하신다. 민속오일장에서 소개를 받았는데 요리 수업을 하고 스테이 조식에도 필요하다 말씀드리니 급 목소리 톤이 바뀌신다. 그렇게 구매에 성공하여 마른 톳 15kg을 소분해서(어깨가 빠질 뻔) 요리 수업에 왔던 수강생들과 나누고 남은 건 아직 사용 중이다.

무청시래기조림

Ingredients
손질한 무청 시래기 600g, 청양고추 1개

조림 소스 물 200ml, 술 100ml, 간장 5큰술, 미림 2큰술, 설탕 2큰술

Recipe
1. 시래기는 데친 뒤 채반에 밭쳐 불필요한 물기를 제거하고 청양고추는 잘게 다진다.
2. 냄비에 시래기와 다진 청양고추를 넣고 분량의 재료로 만든 조림 소스를 부은 후 중간 누름 뚜껑을 덮어 불에 올린다.
3. 센 불에서 끓어오르면 중간 불로 줄이고 25분간 익힌 다음 불을 끄고 식힌다.

우연히 단골 채소 가게에서 발견한, 가마솥에 데쳐 더 부드러운 겨울 무청 시래기. 제주 월동 무는 요즘 육지에서도 많이 사용하는 재료이기도 하다. 시래기를 사니 사장님이 청양고추 2개를 주시며 같이 조리면 맛나다고 하셔서 일단 들고 와서 고민하다가 내 맘대로 레시피를 출동해 완성해보았다. 시래기는 생선 조릴 때 같이 넣어도 좋다.

고구마줄기조림

Ingredients
손질한 고구마 줄기 600g

조림 소스 물 200ml, 간장 4큰술, 미림 2큰술, 설탕 1큰술

Recipe
1. 손질한 고구마 줄기는 먹기 좋게 5cm 길이로 자른다.
2. 냄비에 ①의 고구마 줄기를 담고 분량의 재료로 만든 조림 소스를 넣은 뒤 중간 누름 뚜껑을 덮어 불에 올린다.
3. 센 불에서 끓어오르면 중약 불로 줄인 후 30분간 조린다.

어린 시절 여름방학 때면 늘 하동 친할머니 댁에 가서 한 달 넘게 지내다 왔었다. 할머니는 첫날은 어김없이 앞마당에서 뛰놀던 닭을 잡아주셨다. 놀이터가 없던 시골 할머니 댁에서는 놀이 중 하나로 엄청 큰 대나무밭 그늘 아래 있던 꽤 넓은 고구마밭에서 고구마와 줄기를 수확했었다. 고구마는 아궁이 불에 넣고 구워 간식으로 먹었다. 고구마 줄기는 선선해진 저녁에 평상에 둘러앉아 손질하곤 했는데, 그 기억 때문인지 여름 시작할 때 제주 민속오일장 할망장에서 손톱이 새까맣게 물든 장터 할망의 모습을 보면 20년 전에 떠나신 친할머니 모습이 떠오른다. 반가운 마음에 덜컥 사들고 와서 고민하다 문득 머위조림 생각이 나서 해보니 내 맘에 딱 드는 레시피로 완성되었다. 그냥 먹으면 간장의 담백한 맛이, 들깻가루를 섞으면 한식 같은 느낌이 난다. 때에 따라 두 가지 버전 중 선택해서 먹을 수 있다.

단호박조림

Ingredients

단호박 500g, 검은깨 약간

조림 소스 물 200ml, 간장 2큰술, 술 2큰술, 설탕 2큰술

Recipe

1. 단호박은 반으로 잘라 속의 씨를 제거한 후 한 입 사이즈로 자르고 껍질도 벗긴다.
2. 팬에 손질한 단호박을 가지런히 담고 분량의 재료로 만든 조림 소스를 넣은 뒤 중간 누름 뚜껑을 덮는다.
3. 8분 타이머를 맞추고 센 불에 올려 끓어오르면 중간 불로 줄인다. 타이머가 울리면 불을 끄고 냄비에서 식힌 후 검은깨를 뿌린다.

제주에서 시작해서 전국적으로 재배하고 있는 보우짱 밤호박으로 만들면 더 맛있다. 단호박 손질이 살짝 귀찮아서 그렇지 미리 손질만 해둔다면 빠르게 만들 수 있고 밥반찬, 서양식 조식 사이드 디시, 아이들 간식, 술안주 어디에도 어울리는 레시피이다.

우엉조림

Ingredients
우엉 1대, 당근 1/4개, 식용유 약간

조림 소스 간장 2큰술, 미림 2큰술, 청주 1큰술, 설탕 1큰술, 물 2큰술

Recipe
1. 우엉과 당근은 껍질을 벗기고 3cm 길이로 잘라 가늘게 채 썬다.
2. 볼에 분량의 조림 소스 재료를 모두 넣고 잘 섞는다.
3. 기름을 두른 팬에 ①의 우엉과 당근을 볶다가 준비한 ②의 조림 소스를 넣고 물기가 없어질 때까지 볶는다.

학창 시절 도시락 반찬에 매번 있었던 우엉조림. 그래서인지 지금 나의 냉장고에도 상시 있어서 냉장고 털기 김밥이 자주 등장하는 이유이기도 하다. 다른 반찬도 그렇지만 특히 우엉은 한 번에 많이 조려야 맛있다. 채 썰기가 귀찮다면 감자 필러로 길게 리본처럼 슬라이스하면 편하다. 많이 조린 우엉은 소분하여 냉동 보관했다가 해동해서 먹으면 편하다.

다시마조림

Ingredients
불린 다시마(10×10cm) 5장

조림 소스 간장 3큰술, 설탕 1/2큰술, 미림 3큰술, 술 1큰술, 물 1큰술

Recipe
1. 다시마는 최대한 곱게 채 썬다.
2. 조림 소스의 모든 재료를 냄비에 넣고 손질한 다시마를 넣은 뒤 중간 누름 뚜껑을 덮어 센 불에 올린다. 끓어오르면 약한 불로 줄이고 소스가 자작해질 때까지 조린다.

육수 내고 남은 많은 양의 좋은 다시마를 버리지 말고 가늘게 채 썰어 조려두면 여기저기 다양하게 활용할 수 있다. 특히 솥밥을 해서 풍미 좋은 버터 1큰술과 다진 다시마조림을 섞어 먹으면 다른 반찬이 필요 없다.

데친 고사리볶음

Ingredients
데친 생고사리(136p 참조) 250g, 돼지고기 50g, 다진 생강 약간, 간장 2큰술, 들기름 1큰술, 소금·후춧가루 약간씩

Recipe
1. 데친 생고사리는 깨끗하게 씻어 먹기 좋은 크기로 자른 후 간장 1큰술을 넣고 조물조물 무쳐 15분 정도 그대로 둔다.
2. 돼지고기는 가늘게 채 친다.
3. 팬에 들기름을 두르고 생강을 넣어 볶다가 향이 올라오면 돼지고기를 넣고 볶는다.
4. 돼지고기가 하얗게 변하려고 하면 준비한 ①의 고사리를 넣고 볶는다.
5. 고사리 숨이 죽으면 남은 간장 1큰술과 소금 약간을 넣고 한 번 더 볶은 다음 불을 끄고 후춧가루를 살짝 뿌린다.

애호박 밥새우볶음

Ingredients
애호박 1개, 밥새우 2큰술, 포도씨유·소금 약간씩

Recipe
1. 애호박은 길이로 반 자르고 씨를 제거한 후 얇게 슬라이스한다.
2. 달군 팬에 포도씨유를 살짝 두르고 손질한 호박과 밥새우를 넣은 뒤 소금을 살짝 뿌려 볶는다.

From the Guestbook
"소문으로만 들었던 이꼬이앤스테이의 조식! 도대체 어떤 맛일까 궁금했는데, 이유가 있는 소문이었어요. 요즘 마음이 허했었는데 신기하게 마음까지 배가 부른 기분이네요. 아침마다 정성이 가득한 한 상에 윤기 나는 솥밥이 오늘 하루를 응원해주는 것 같아 힘이 나요. 감사합니다 선생님! 앞으로도 자주 오게 될 것 같아요. 밥 먹으러 온다는 말, 뭔지 알 것 같아요. 친한 언니네 오는 마음으로 편하게 와서 놀다 가려고요. 선생님께서 추천해주신 곳들은 의심의 여지가 없이 만족스럽고, 좋더라고요. 오늘 하루도 기대됩니다. 또 올게요. 건강하게 계셔야 해요."
-2021. 6. 25 민희

조선호박 표고양파볶음

Ingredients
조선호박 1개, 생표고버섯 10개, 양파 1/2개, 들기름·소금 약간씩

Recipe
1. 조선호박은 횡으로 반 자른 다음 결을 살려 얇게 슬라이스한다.
2. 양파도 얇게 슬라이스한다. 생표고버섯은 기둥을 떼고 갓 부분만 채 썬다.
3. 팬을 달군 후 버섯을 먼저 볶는다. 이때 기름을 넣지 않는다. 버섯에 수분이 많기 때문에 버섯에서 나오는 수분만으로도 잘 볶아진다.
4. 버섯의 수분이 날아가면 들기름을 살짝 두른 후 양파와 조선호박을 넣고 볶다가 소금을 살짝 넣어 볶는다. 호박이 숨 죽으면 불을 끄고 식힌다.

Tip
남은 표고버섯 기둥은 표면을 긁어내고 손으로 찢어 미소된장국에 넣어 사용한다.

단골집 사장님이 덤으로 막 넣어준 호박을 보니 노영희 선생님께 배운 월과채 생각이 나서 찹쌀전병은 생략하고 만들었다. 한창 한라산 표고버섯과 양파도 맛있을 때 만들어서 인기가 많았던 메뉴다. 조선호박이 없을 땐 애호박으로 만들어 먹어도 좋다.

한치레몬볶음

Ingredients
한치 500g, 마늘 5톨, 다진 이탤리언 파슬리 1큰술,
올리브유 2큰술, 레몬·소금 약간씩

Recipe
1. 한치는 내장과 눈을 제거하고 링 썰기한다.
2. 마늘은 편으로 썰고 이탤리언 파슬리는 다져둔다.
   레몬은 얇게 슬라이스한다.
3. 팬에 올리브유를 두르고 약한 불에서 마늘을 볶다가
   향이 올라오면 센 불로 바꾼다.
4. ③의 팬에 한치와 슬라이스한 레몬을 넣고 재빨리 볶은 다음
   소금을 약간 넣고 레몬즙을 살짝 뿌린다.
5. 다진 이탤리언 파슬리를 넣고 불을 끈다.

여름의 시작을 알리는 한치는 제주에서는 물회로 많이 즐긴다. 낚시하는 지인에게 여름에 많이 선물받는 아이템이기도 하다. 가격이 좋을 때 단골집에서 대량 구매해 냉동 보관했다가 연박 손님들 반찬으로 서빙한다. 남은 한치레몬볶음은 파스타 면을 삶아 함께 볶아 먹으면 훌륭한 한 끼가 되어 입맛 없는 여름 단골 냉장고 털기 아이템이다.

표고버섯 볶음

Ingredients
한라산 생표고버섯 10개, 간장 2작은술, 포도씨유·통깨 약간씩

Recipe
1. 생표고버섯은 갓과 기둥을 분리하고 갓은 곱게 채 썬다.
2. 버섯 기둥은 껍질을 벗기고 곱게 다진다.
3. 달군 팬에 손질한 ①과 ②를 넣고 볶다가 버섯에서 나온 수분이 사라지려고 하면 포도씨유를 살짝 둘러 볶는다.
4. 버섯의 숨이 죽으면 간장을 넣고 다시 한번 더 볶은 후 불을 끈다.
5. 한 김 식힌 후 통깨를 손으로 비벼 갈아 ④에 뿌린다.

아삭아삭
연근조림

Ingredients
연근 400g, 마른 홍고추 1개, 포도씨유 약간

조림 소스 간장 4큰술, 설탕 2큰술, 청주 2큰술

Recipe
1. 연근은 껍질을 벗긴 후 조금 큰 한 입 사이즈로 자른다.
2. ①을 찬물에 5분 정도 담갔다가 체에 밭쳐 물기를 제거한다.
3. 조림 팬에 포도씨유를 두르고 홍고추를 볶다가 향이 올라오면 손질한 연근을 넣어 볶는다.
4. ③의 팬에 간장, 설탕, 청주를 넣고 중간 누름 뚜껑을 덮어 센 불에 올린다. 끓어오르면 중약 불로 줄이고 15분간 조린 후 불을 끄고 조린 팬에서 완전히 식힌다. 중간에 두세 번 위아래를 바꿔준다.

From the Guestbook
"안녕하세요. 4박 5일 제주도에 머문 사람입니다. 이곳 이꼬이앤스테이에서는 2박을 머물렀어요. '혼여' 뚜벅이족에게 완전 '딱!'인 이곳…. 기대했던 조식은 너무너무 기대 이상이었어요. 식감도, 맛도 너무 재밌고 맛있어요! 어제 먹은 연근조림 한 입 먹는 순간 제주도에 진짜 잘 왔다 생각했습니다. 며칠 더 있고 싶네요. 푹 잘 쉬다가 갑니다. 폭풍 검색하고 온 보람이 있네요. 담엔 엄마랑 꼭 올래요!" *출근 D-2 돌아가기 시르다….
-2019. 10. 8

간단무침 3품

쑥갓두부소스무침

Ingredients

쑥갓 250g, 소금 약간

두부 소스 마른 두부 1/2모, 우스구치 쇼유 1작은술, 설탕 2작은술, 참깨(간 것) 1작은술

Recipe

1. 쑥갓을 끓는 물에 줄기부터 넣고 살짝 데친다. 여열로 익기 때문에 완전히 익은 후 꺼내면 쑥갓잎이 다 녹는다. 데친 후 얼음물(또는 찬물)에 헹궈 꽉 짜서 물기를 제거한다.
2. 마른 두부는 으깬 후 우스구치 쇼유, 설탕, 참깨 간 것을 넣고 잘 섞어 두부 소스를 만든다.
3. 볼에 ①의 쑥갓과 두부 소스를 넣고 무친다.

얼갈이미소소스무침

Ingredients

얼갈이 250g, 소금 약간

미소 소스 미소 된장 1큰술, 다시마 우린 물(38p 참조) 1큰술, 미림 1작은술, 설탕 1/4작은술

Recipe

1. 얼갈이는 깨끗하게 손질한 후 끓는 소금물에 데친다. 얼음물(또는 찬물)에 헹궈 꽉 짜서 물기를 제거한다.
2. 미소 된장에 다시마 우린 물, 미림 넣고 잘 풀어준 후 설탕을 넣고 잘 섞어 미소 소스를 만든다.
3. 볼에 ①의 얼갈이와 미소 소스를 넣고 무친다.

시금치깨소스무침

Ingredients

시금치 250g, 소금 약간

깨 소스 참깨 4큰술, 설탕 1/2큰술, 간장 1큰술, 미림 1큰술

Recipe

1. 참깨는 가볍게 볶아 식힌다.
2. 볶은 깨가 식는 동안 시금치는 끓는 소금물에 살짝 데친 후 얼음물(또는 찬물)에 헹궈 꽉 짜서 물기를 제거한다.
3. 식힌 깨는 깨갈이(쓰리바치)에 간 후 설탕, 간장, 미림을 넣고 잘 섞어 깨 소스를 만든다.
4. 볼에 ②의 시금치와 깨 소스를 넣고 무친다.

고춧잎연겨자 미소무침

Ingredients
고춧잎 250g, 소금 약간

무침 소스 미소 된장 2큰술, 꿀 1큰술, 현미 식초 1큰술, 연겨자 1큰술

Recipe
1. 고춧잎은 깨끗하게 씻어서 체에 밭친다.
2. 소금 푼 팔팔 끓는 물에 고춧잎을 데친 후 찬물에 담가 완전하게 식힌 다음 수분을 제거한다.
3. 볼에 무침 소스 재료를 모두 넣어 잘 풀어준다.
4. ③에 데쳐서 식힌 고춧잎을 먹기 좋게 썰어 살살 버무린다.

Tip
고춧잎 대신 미나리부추와 브로콜리를 사용해도 좋다.

고추 수확이 시작되면 단골 채소 가게에서 인심 가득 넣어주시는 고춧잎. 살짝 쌉싸름한 맛과 겨자의 톡 쏘는 맛이 잘 어울려 여름에 입맛 없을 때 자주 해 먹는다.

무당근 초절임

Ingredients
무 1/2개, 당근 1/5개, 현미 식초 150ml, 설탕 3큰술, 소금 1작은술

Recipe
1. 무와 당근은 채칼로 슬라이스한 다음 소금 1/2작은술을 뿌려 1시간 정도 절인다.
2. 현미 식초와 설탕, 남은 소금 1/2작은술을 잘 섞어 설탕과 소금이 녹을 정도만 끓인 다음 식힌다.
3. 소금에 절인 무와 당근을 꼭 짜서 수분을 제거해 용기에 담은 후 ②를 붓는다.

가끔 김치를 찾으시는 손님들을 위해 준비해준다. 일본에선 축하하는 의미로 흰색과 붉은색을 섞어 만든 음식을 서빙한다.

가지간장절임

Ingredients
가지 4개, 튀김용 기름 적당량, 장식용 제피열매절임(134p 참조) 약간

절임 간장 간장 4큰술, 다시마 가다랑어 우린 물 4큰술, 미림 4큰술, 설탕 2큰술

Recipe
1. 가지는 씻은 후 반으로 잘라 촘촘하게 칼집을 넣은 다음 4등분한다.
2. 달군 튀김용 기름에 손질한 가지를 튀긴 후 채반에 밭쳐 기름기를 뺀다.
3. 분량의 재료로 절임 간장을 만들어 용기에 담고 ②의 가지를 넣어 냉장고에 보관한다.

Tip
다시마 가다랑어 우린 물(이치반다시) 만들기
- 찬물에 다시마를 넣고 1시간 정도 우린 다음 약한 불로 20분 정도 뭉근하게 끓인다.
- 다시마를 건지고 센 불로 올려 물이 끓어오르면 불을 끈다. 가다랑어포 1컵을 넣고 1분 지나면 체에 밭쳐서 사용한다.

유즈코쇼 오이무침

Ingredients
취청오이 1개, 소금 1/2작은술, 유즈코쇼 2작은술

Recipe
1. 오이는 깨끗하게 씻은 후 필러로 거친 부분만 살짝 벗긴 다음 동그랗게 슬라이스한다.
2. ①의 오이에 소금을 뿌리고 버무려 무거운 것으로 눌러 수분을 뺀다.
3. ②의 물기를 꼭 짠 다음 유즈코쇼로 버무린다.

Tip
유즈코쇼 만들기

청유자 180g, 청양고추 30g, 소금 12g

- 청유자의 껍질 부분만 칼로 도려내고 안쪽 흰 부분이 들어가면 쓴맛이 나니 조심하며 다져서 40g을 사용한다.
- 청양고추는 가운데 심과 씨를 빼고 다져서 20g을 사용한다.
- 푸드 프로세서에 손질한 청양고추와 소금 1작은술을 넣어 간 다음 손질한 청유자와 남은 소금을 넣고 좀 더 간다.

뿔소라 오이초절임

Ingredients

뿔소라 7개, 오이 1개, 소금 약간

절임 소스 식초 3큰술, 설탕 2작은술, 미림 2작은술, 간장 2작은술, 물 1큰술

Recipe

1. 뿔소라는 표면을 닦고 찬물에 넣어 끓인다. 물이 팔팔 끓어오르면 불을 끄고 식힌 후 소라를 꺼내 식힌다.
2. 오이는 중간까지 어슷하게 잔칼집을 넣고 그대로 뒤집어 같은 방법으로 중간까지 직각으로 잔칼집을 넣는다(이때 젓가락을 양옆에 받쳐주면 일정한 깊이로 칼집을 내기 좋다). 오이에 소금을 뿌려 절인 뒤 꼭 짜서 수분을 제거하고 1cm 두께로 썬 다음 구부려 모양을 잡는다.
3. 분량의 절임 소스 재료를 모두 잘 섞는다.
4. ①의 소라는 슬라이스하고 ②의 오이와 함께 볼에 넣는다. ③의 소스를 부어 잘 버무린 뒤 오목한 접시에 보기 좋게 담는다.

단골 카페에 갔더니 사장님 어머님이 "뿔소라를 동네분이 많이 가져다주었는데, 주면 먹을라나?" 하셨다. 냉큼 "감사합니다" 인사를 드리고 받아왔다. 그리고 냉동실에 진공포장해서 보관하다가 4박씩 하는 단골손님이 방문하면 메뉴로 준비한다.

돼지고기 감자조림

Ingredients

돼지고기(샤브샤브용) 200g, 감자(작은 것) 500g, 양파 2개, 다진 실파 약간, 식용유 적당량

조림 소스 물 400ml, 설탕 2큰술, 청주 2큰술, 미림 2큰술, 간장 3큰술

Recipe

1. 감자는 껍질을 벗기고 4등분해서 모서리를 다듬고 양파는 2등분해서 얇게 채 썬다.
2. 기름을 두른 냄비에 고기를 넣고 볶다가 반 이상 익으면 양파를 넣어 충분히 더 볶는다. 여기에 감자를 넣고 기름에 코팅하듯 볶는다.
3. 분량의 조림 소스 재료를 모두 섞어 ②에 넣고 센 불에서 끓인다. 한소끔 끓어오르면 중간 불로 줄이고 20분 정도 더 조린다.

이촌동 이꼬이 시절 술안주와 식사 대용으로 인기가 많았던 메뉴이다. 특히 제주 감자로 바꾸면서 인기가 더 많았다. 제주에 와서는 돼지고기가 너무 맛있어서 생선을 안 드시는 손님을 위해 준비했는데, 아침에 밥 짓는 동안 만들어 따끈한 솥밥과 먹으면 밥을 두 공기 부르는 맛이다.

간장에 조린 삼겹살찜

Ingredients

통삼겹살 1.2kg, 당근 1개, 우엉 15cm, 연근 1/4개

조림 소스 물 1000ml, 술 200ml, 간장 150ml, 미림 150ml, 설탕 2큰술

Recipe

1. 삼겹살은 팬에 4면을 노릇노릇하게 굽는다.
2. 당근은 껍질 벗겨 한 입 크기로 썰고, 우엉과 연근은 껍질 벗겨 슬라이스한다.
3. 냄비에 조림 소스 재료를 모두 넣고 불에 올려 끓어오르면 구운 삼겹살과 당근, 우엉, 연근을 넣고 중간 누름 뚜껑을 덮는다.
4. 다시 한번 끓어오르면 불을 줄이고 40분간 익힌 다음 불을 끄고 식힌다.
5. 먹기 전에 고기는 슬라이스하고 당근, 우엉, 연근은 국물 넣고 살짝 데워서 서빙한다.

깨소스를 곁들인 닭가슴살냉채

Ingredients

닭가슴살 1장(양파 1/2개, 생강·대파 약간씩, 물 적당량, 술 약간), 오이 1개

깨 소스 통깨 4큰술, 닭고기 삶은 물 1큰술, 식초 1/2큰술, 설탕 1/2큰술, 간장 1작은술, 시판용 액상 참깨 소스 1큰술

Recipe

1. 냄비에 닭가슴살을 충분히 덮을 만큼 물을 넣고 양파, 생강, 대파, 술을 넣은 뒤 센 불에 올린다. 물이 끓어오르면 약한 불로 줄이고 10분 뒤 불을 끈 다음 냄비에서 완전히 식힌다.
2. 닭이 준비되는 동안 오이는 채 썰어 찬물에 담갔다가 체에 밭쳐 물기를 뺀다.
3. 통깨는 살짝 볶아 식힌 다음 깨갈이(쓰리바치)에 간다.
4. ③의 깨와 닭고기 삶은 물, 식초, 설탕, 간장, 액상 참깨 소스를 잘 섞는다.
5. 식은 닭가슴살은 곱게 찢는다.
6. 접시에 오이를 가지런히 담고 찢어둔 닭가슴살을 올린 뒤 ④를 뿌린 다음 서빙한다.

Tip

액상 참깨 소스가 없다면 땅콩잼을 써도 되지만 맛이 좀 다르고 땅콩 알레르기가 있는 사람들이 생각보다 많아서 개인적으론 잘 안 쓴다. 닭가슴살은 1팩에 3장 정도 들어 있는데 한 번에 다 손질해서 개별 진공포장 후 냉동해두고 사용한다. 고수를 좋아하는 주인장은 닭가슴살냉채를 고수와 함께 먹는다.

생선구이

Recipe
1. 이꼬이앤스테이에서는 업소용 가스 그릴 생선구이기(야키바)를 사용해 사이즈에 따라 앞뒤로 각각 7~9분씩 굽는다.
2. 처음엔 제일 센 불로 굽다가 5분 정도 지나면 불을 줄이고 3분 뒤 뒤집는다. 다시 센 불로 올려 3분 정도 굽다가 약한 불로 줄여서 5분 정도 굽는다.

요즘 사람들은 집에서 생선을 잘 안 구워 먹어서 그런지 구운 생선을 내어드릴 때 반응이 아주 뜨겁다. "우와! 생선 이름이 뭐예요?" 제일 많이 서빙되는 생선은 제주 황돔이다. 제주와 부산 사이의 바다에서 많이 잡힌다고 한다. 제주에 와서 처음 본 생선이기도 하다. 모양이 이뻐서인지 반응이 제일 좋다. 맛도 담백 깔끔하다. 각재기로 잘 알려진 전갱이(아지)는 적당한 기름기가 있어 구워도 좋고 간장에 조려도 좋다. 고등어, 갈치, 옥돔은 쉽게 먹을 수 있는 메뉴라 피하는 편이다. 사실 갈치와 옥돔은 비싸기도 하다. 4박 하시는 손님들에겐 서빙을 하기도 한다. 지인들이 여름에 낚시로 벵에돔을 잡아 가져다주면 조림으로 대접하기도 한다. 개인적으로 생선은 가자미, 금태(긴타로, 일명 '빨간 생선'), 갈치, 옥돔만 먹었는데 제주에 와서 다양한 생선을 접하고 있다. 그중 제주 황돔은 담백하고 비린 향이 안 나서 제일 인기가 좋은 생선구이이다. 시장에서는 '뱅꼬돔'이라고 불린다. 반건조로 먹거나 튀기듯이 구워 먹는데 이꼬이에서는 '당일바리' 한 생물을 넉넉히 구해서 급속 냉동했다가 깔끔하게 구워서 낸다.

은갈치구이

전갱이(각재기)구이

제주황돔(뱅꼬돔)구이

생선조림

Ingredients
전갱이 4마리, 술 200ml, 간장 4큰술, 설탕 2큰술, 미림 3큰술, 생강초절임(142p 참조) 약간, 제피열매절임(134p 참조) 약간

Recipe
1. 전갱이는 손질하여 물기를 제거한다.
2. 냄비에 술, 간장, 설탕, 미림을 넣고 끓인다. 설탕이 녹을 정도로 끓어오르면 손질한 생선을 넣는다.
3. 중간 누름 뚜껑을 덮고 끓어오르면 불을 줄여 20분간 조린다.
4. 중간 누름 뚜껑을 열고 국물을 끼얹어주며 5분 정도 더 조리고 나서 생강초절임과 제피열매절임을 넣은 후 불을 끈다.

혼자 여행을 하면 조림 음식 먹기가 만만치 않다. 연박하는 손님들을 위해 담백하게 간장 베이스의 생선조림을 준비한다. 보통 전갱이나 제주의 붉은우럭을 상에 올리며 생강초절임과 제피열매절임을 살짝 넣어 향을 입힌다.

전갱이조림

백미솥밥

Ingredients

쌀 2컵(360ml), 물 360ml

Recipe

1. 쌀을 찬물에 빠르게 헹군다. 건조한 피부에 스킨을 바르면 바로 흡수하듯이 쌀도 물을 만나면 빠르게 흡수한다. 첫 번째 물은 바로 버리고 넉넉한 양의 물을 부어 물이 투명해질 때까지 반복해서 씻는다. 15~20분 정도 쌀을 물에 담가둔다.
2. 채반에 밭쳐 20분 정도 물기를 뺀다.
3. 물기를 뺀 쌀을 남부철기에 넣고 물을 붓는다(물과 쌀의 비율은 1:1로 한다). 뚜껑을 덮고 센 불에 올려 끓어오르면 약한 불로 줄이고 15분간 끓이다가 불을 끄고 5분 정도 뜸 들인다.

매일 아침 조식상에 솥밥이 등장하는데, 솥뚜껑을 열 때마다 반응이 뜨겁다. 밥을 드시면 대부분의 손님은 "어떤 쌀을 쓰세요?"라고 질문을 하신다. 언젠가 '세븐스 도어(7th Door)' 레스토랑에서 먹은 밥맛이 좋아 셰프님께 물었더니 이마트에서 산 '한눈에 반한 쌀'이라고 했다. 이후로 나 역시 구매도 쉽고 맛도 좋은 이 쌀을 사용하고 있다. 품종은 '한눈에 반하다'라는 뜻을 가지고 있는 히토메보레다. 개인적으로 밥을 할 때 제일 중요하게 생각하는 것은 수분의 흡수다. 처음에 쌀이 충분히 물을 머금게 하고 불필요한 수분은 제대로 빼주어야 윤기가 나는 맛난 밥을 지을 수 있다.

완두콩솥밥
완두콩은 가장 맛이 좋을 제철에 구입하고
손질해서 살짝 익힌 후 냉동실에 보관해둔다.
밥을 지을 때 쌀 2컵에 완두콩 4큰술의 비율로
넣으며 물은 백미솥밥보다 30ml 더 넣는다.

옥수수솥밥
옥수수는 가운데 심지를 기준으로 칼로 알갱이만 위에서 아래로 쓸어내리듯 자른다. 심지를 버리지 않고 밥 위에 옥수수와 같이 올리면 향과 단맛이 밥에 배어나온다. 밥물은 백미솥밥과 동일하게 잡는다.

톳솥밥
제주 이마트에서 판매하는 건조된 톳을 사용한다. 쌀 2컵에 톳 4작은술의 비율로 넣고 백미솥밥보다 물을 90ml 더 넣는다.

시금치 두부미소국

Ingredients

시금치 100g, 두부 1/4모, 양파 1/2개, 국민육수* 1팩, 물 1000ml, 미소 된장 3큰술, 밥새우 약간

* '국민육수'는 시중에 판매 중인 맛국물 팩 제품. 멸치, 디포리, 다시마, 새우, 표고버섯, 대파, 양파, 무 등 100% 천연 국내산 재료를 담아 고온에 로스팅, 냉침해도 비린내가 나지 않아 애용하고 있다.

Recipe

1. 국민육수는 전날 찬물에 넣고 냉침한다.
2. 시금치는 깨끗하게 씻어 3등분하고, 두부는 한 입 사이즈로 깍둑썰기하며, 양파는 슬라이스한다.
3. 냄비에 ①의 육수와 양파를 넣어 끓인다. 끓기 시작하면 손질한 시금치와 두부를 넣는다. 다시 끓어오르면 미소 된장을 푼다.
4. 그릇에 담고 먹기 직전에 밥새우를 뿌려 낸다.

Tip

이꼬이앤스테이에서는 시중에서 쉽게 구할 수 있는 무텐카 미소를 사용하고 있다. 대두, 쌀 누룩, 소금과 물로 빚은 이 미소는 다른 종류에 비해 짠맛이 덜하고 담백함과 감칠맛이 특징이다.

표고버섯얼갈이미소국
한라산 표고버섯이 제철일 때 미리 손질해서
냉동해둔 얼갈이배추와 함께 미소국을
끓이면 시원한 맛이 일품이다. 제주에서
얼갈이는 자주 등장하는 식재료이다.
특히 생선국에 많이 넣는다. 그래서인지
인심 좋은 단골집에서 늘 듬뿍 담아주신다.
남은 얼갈이배추는 팔팔 끓는 물에 데쳐
물기를 살짝 남겨두고 식혀서 진공포장 후
냉동 보관한다.

양파래디시 영양부추미소국
양파의 단맛과 래디시의 알싸한 시원함 그리고
무와 감자가 섞인 듯한 식감이 조화롭다.
래디시 단면이 이뻐서 상차림 해두면 사진을
잘 받는 메뉴이다. 래디시의 잎이 있으면
영양부추가 필요 없지만 잎이 없다면
영양부추를 서빙할 때 살짝 올린다.

부추팽이미소국
제일 간편하게 만들 수 있는 조합의
미소국이다. 생으로도 먹는 부추는 너무 오래
끓이면 색이 안 이쁘고 향이 많이 날아가기
때문에 부추에 끓인 국물만 부어 향을 살리고
선명한 녹색 컬러를 유지하도록 한다.

호박감자두부미소국
피로 해소에 좋은 조선호박은 가운데 씨를
제거해 깍둑썰기하고 감자와 두부도 호박과
같은 사이즈로 잘라서 함께 끓인다.

명란감자 달걀국

Ingredients

감자 2개, 양파 1/2개, 달걀 2개, 명란 8줄, 쪽파 약간,
국민육수(110p 참조) 1팩, 물 1000ml, 소금 약간

Recipe

1. 국민육수는 전날 찬물에 넣고 냉침한다.
2. 감자는 껍질을 벗기고 먹기 좋게 썬 뒤 찬물에 담가 전분기를 제거하고 양파는 슬라이스한다.
3. 냄비에 ①의 육수와 양파를 같이 넣고 끓인다. 끓어오르면 손질한 감자를 넣고 다시 끓어오르면 달걀을 풀어 원으로 돌리며 넣는다.
4. 한 번 더 끓어오르면 명란을 적당히 잘라서 넣고 길쭉하게 썬 파를 넣은 뒤 불을 끈다.

Tip

주인장은 대파보다는 쪽파를 넣는다. 명란의 염도에 따라 소금간이 살짝 필요할 수도 있다.

황탯국
황탯국은 과음한 단골손님들을 위한 스페셜
메뉴다. 전날 조식 서비스가 끝나면 황태를
담갔다가 저녁 무렵 손으로 찢어서 바쁜
아침에 쉽게 요리할 수 있도록 미리 준비한다.
얼갈이배추가 있으면 마지막에 넣고 끓어오를 때
달걀을 풀어 넣은 뒤 가볍게 소금간을 한다.

오이미역냉국
제주에서는 냉수에 간장과 식초로 간을 맞춘
냉국에 우뭇가사리만 넣어 무더운 여름철의
입맛을 잡기도 하는데, 이꼬이앤스테이에서는
오이와 미역을 넣은 냉국에 우뭇가사리를 넣어
식감을 살리고 제주의 별미도 맛보시라고
준비하곤 한다. 제주에 와서 제주 토속 음식이나
식재료를 이꼬이 방식으로 재해석하고 레시피를
개발해보는 것도 큰 즐거움 중의 하나다.

생선미역국

Ingredients
마른 미역 20g, 옥돔 1마리, 참기름·다진 마늘 약간씩,
국간장 적당량, 물 2000ml

Recipe
1. 미역은 불린 후 두꺼운 냄비에 참기름을 살짝 두르고 충분히 볶는다.
2. ①에 미역이 잠길 정도의 물을 넣고 뚜껑을 닫아 뭉근하게 끓인다.
3. 중간중간 물을 보충해주면서 1시간쯤 지나 미역에서 뽀얀 국물이 나오면 불을 세게 올린 다음 팔팔 끓어오르면 생선을 넣는다. 다진 마늘을 살짝 풀고 국간장으로 개인 입맛에 따라 간을 한 뒤 다시 한번 끓어오르면 불을 끄고 식힌다.
4. 먹기 직전에 한 번 더 데운다.

이촌동 이꼬이 시절부터 미역국은 단골손님의 생일을 축하하기 위해 종종 준비하던 메뉴이다. 제주 이꼬이앤스테이를 운영하면서부터는 소고기 대신 옥돔이나 가자미를 이용해서 끓인다. 미역국을 끓일 때는 국간장의 역할이 중요한데 이꼬이앤스테이에서는 오랜 지인으로 알고 지낸 한식 요리 전문가 박종숙 선생님께서 주신 10년 된 씨간장을 사용하고 있다. 손님들께서 간혹 국을 드시면서 "엄청 좋은 간장 쓰시네요!"라고 이야기한다. 이런 절대 미각의 손님들이라니…. 이꼬이 주인장이 재료 준비며 요리의 세심함을 간과할 수 없는 이유이다.

금귤절임

Ingredients
금귤 600g, 물 250ml, 백설탕 400g

Recipe
1. 금귤은 횡으로 자르고 씨를 뺀다.
2. 바닥이 두꺼운 냄비에 손질한 금귤과 설탕을 넣고 섞는다.
3. ②의 냄비에 물을 넣고 센 불에 올린다. 끓어오르면 약한 불로 줄이고 금귤이 부드러워질 때까지(약 40분 정도) 거품을 중간중간 걷어주며 조린다.
4. 냄비에서 그대로 완전히 식힌 후 하나하나 모양을 잡아 그물망에 단면이 바닥에 닿도록 놓고 24시간 말린다.
5. 밀폐 용기에 담아 냉장 또는 냉동 보관한다.

고구마 레몬조림

Ingredients
고구마 4개, 레몬 1개, 설탕 4큰술, 꿀 1큰술, 간장·소금 약간씩

Recipe
1. 고구마는 껍질을 깨끗이 씻고 2cm 두께로 동그랗게 썰어 물에 담갔다가 씻어둔다.
2. 레몬도 식초로 씻은 후 슬라이스한다.
3. 냄비에 고구마, 레몬, 소금을 넣고 물을 고구마가 잠길 정도로 부어 끓인다. 15분간 삶다가 끓어오르면 설탕을 넣고 계속 끓인다.
4. 다시 한번 끓어오르면 꿀과 간장을 넣어 조린다.
5. 그릇으로 옮겨서 식힌다.

Tip
위에 레시피에서 ③의 물 대신 사과주스를 사용해도 좋다.

무화과 와인조림

Ingredients

무화과 400g, 설탕 150g, 물 250ml, 레드 와인 100ml,
시나몬 스틱 1개, 레몬즙 1개분

Recipe

1. 끓는 물에 무화과를 넣고 2분간 데친다. 얼음물에 담가 껍질을 벗긴 후 페이퍼 타월에 올려 물기를 뺀다.
2. 냄비에 물과 레드 와인, 설탕을 넣고 끓인다. 설탕이 녹으면 무화과와 시나몬을 넣고 중간 누름 뚜껑을 덮어 15분간 끓인다.
3. 중간 누름 뚜껑을 제거한 후 레몬즙을 넣고 시럽을 끼얹으며 5분 정도 더 끓인다. 불을 끄고 그대로 식힌 다음 보관 용기에 넣어 보관한다.

보늬밤

Ingredients
밤 1kg, 식소다 2큰술, 설탕 600g, 간장 1작은술,
마살라 와인 2큰술

Recipe
1. 밤은 속껍질은 그대로 두고 겉껍데기만 벗긴 후 찬물에 넣고 식소다를 풀어 반나절 둔다.
2. ①을 냄비에 그대로 담고 끓인다. 끓어오르면 체에 밭쳐 찬물에서 한 번 헹군다.
3. ②를 다시 냄비에 넣고 찬물을 채운 뒤 중간 불에 올린다. 끓어오르면 체에 밭쳐 찬물에서 한 번 헹군다.
4. ③을 다시 냄비에 넣고 찬물을 채운 뒤 중간 불에 올린다. 끓어오르면 체에 밭쳐 찬물에서 한 번 헹군다.
5. 남아 있는 밤 표면의 잔털을 이쑤시개로 하나하나 제거한다.
6. 냄비에 깨끗하게 손질한 밤과 설탕을 넣고 중간 누름 뚜껑을 덮어 중간 불에서 끓인다. 끓어오르면 중간중간 거품을 걷은 후 간장을 넣고 한 번 더 끓인다.
7. 불을 끄고 마살라 와인을 넣은 후 완전히 식힌다.

From the Guestbook
"방명록을 닮은 색으로 글을 적습니다. 조식 시간에 듣는 라디오 소리가 마음을 정말 편안하게 해요! 평소에는 챙겨 먹지도 않는 아침 식사가 이곳에서는 참 소중했어요. 다른 분들이 적으신 글들을 찬찬히 읽다 보니 사장님께서 깊은 인연을 많이 간직하고 계신다는 생각이 들었어요. 소중한 걸 소중히 생각하고 대할 줄 아는 분이라는 생각도요! 저도 그런 사람이 되고 싶어요. 한 번뿐인 오늘을 이곳에서 보낼 수 있어서 행복했습니다. 여행 날에 우연히 축제가 있었던 것도, 꿀을 가져가는 나비를 지켜본 것도, 저녁 해가 바다에 빠지는 걸 감상했던 것도 오래오래 가슴에 간직하겠습니다. 이곳에서의 아침 식사를 통해 느낀 건데, 밤이 너무 맛있어요! 밤조림이 이런 맛이라니…. 태어나서 처음 알았습니다. 행복할게요! 사장님도 항상 행복하세요. 꼭 다시 뵈어요!"
-2019. 10. 10 예린의 기록

곶감버터말이

Ingredients
맛있는 곶감 6개, 페이장 브레통의 미니 포션 가염 버터 9조각
(버터는 브랜드에 상관없이 맛있으면 됨)

Recipe
1. 곶감은 가위로 배를 가르듯 'T' 자로 자른다.
2. ①의 손질한 곶감 3개를 끝부분을 겹쳐서 길게 연결해 1장으로 펼친다.
3. 버터는 반으로 잘라 겹쳐 정사각형으로 만들어 곶감 중앙 위에 올린다.
4. 한쪽의 곶감으로 이불처럼 버터를 덮고 김밥 싸듯이 돌돌 만다.
5. 종이 포일에 하나씩 캔디 모양으로 포장한 후 용기에 담아 냉장 또는 냉동 보관한다.

어느 해였던가. 가을이 저물어가던 무렵, 병과점 '합(合)'의 신용일 셰프가 '감'을 주제로 연 차회에서 맛본 메뉴다. 당시 치즈를 넣은 곶감말이가 유행하던 시절이었는데, 치즈 대신 버터를 넣은 게 특이했고, 신 셰프는 일본에 있을 때 빅 히트 쳤던 메뉴라고 소개했다. 그 첫입에 반해 특히 겨울철 술안주로 자주 만들어 먹는다. 조식 디저트가 마땅하지 않으면 냉동실에 늘 있는 곶감과 버터를 말아 낸다.

제피열매절임

제피 열매는 2~3알 정도씩 가위로 자른다. 냄비에 물과 소금 1작은술을 넣고 5분 정도 데친 다음 찬물에 넣고 1시간 둔다. 채반에 밭쳐 물기를 제거한다.

간장절임 ⁷

Ingredients
손질한 제피 열매 100g, 간장 100ml

Recipe
보관 용기에 제피 열매를 넣고 간장을 부은 후 냉장고 안쪽에 넣어 10일 지난 뒤에 먹는다.

소금절임 ²

Ingredients
손질한 제피 열매 100g, 소금 10g

Recipe
보관 용기에 제피 열매를 넣고 소금을 덮듯이 담는다. 냉장고 안쪽에 넣고 일주일 지난 후에 먹는다.

일본소주절임

Recipe
마시고 남은 일본 소주에 손질한 제피 열매를 담가두고 한 달 뒤에 요리에 살짝살짝 사용하면 좋다.

미소된장절임

Ingredients
손질한 제피 열매 100g, 미소 된장 300g, 미림 2큰술

Recipe
제피 열매는 국물 우리는 망에 넣고 미소 된장과 미림을 잘 섞은 것 안에 묻어둔다. 냉장고 안쪽에 넣고 2주 뒤부터 먹는다.

고사리피클

Ingredients
데친 생고사리 500g

피클 재료 물 400ml, 식초 200ml, 설탕 160ml, 소금 2큰술

Recipe
1. 생고사리는 흐르는 물에 3~4회 씻는다.
2. 팔팔 끓는 물에 생고사리를 넣고 다시 한번 끓어오르면 40분간 삶는다. 고사리를 건져 찬물에 반나절 담가둔다.
3. 피클 재료를 모두 잘 섞어 한 번 끓인 다음 한 김 식힌다.
4. 보관 용기는 끓는 물에 한 번 헹궈서 말린 후 ②의 고사리를 담고 ③을 넣은 후 3일 지나서 먹는다.

어느 날 단골집에 갔다가 사장님이 조금 내어 주셔서 먹고 난 뒤 그 맛에 반해서 생고사리 시즌이 되면 이젠 1년치를 확보해 냉동실에 보관해두며 먹고 있다. 제주도민은 고사리 시즌이면 새벽부터 고사리를 채집하여 제일 좋은 건 제삿상에 올리는 걸로 따로 저장해둔다고 한다. 제주의 친한 후배 부모님이 아무도 고사리 채집을 하러 못 오는 곳에서 양봉을 하시는데 고사리 1년치를 저장하시고 남은 걸 다 주셨다. 그 봄날 뭘 해먹을까 고민하다 남해 사우스케이프 시그너처 메뉴인 건고사리피클이 생각났다. 여러 번의 테스트 끝에 완성해 손님들께도 서빙을 하고 요리 수업에서도 선보이니 모두 좋아해주셨다. 그 후로 이 메뉴를 이용해 수업도 하고, 조식 반찬으로도 매년 한 통씩 만들어 먹고 있다.

비트피클

Ingredients

비트 1.3kg, 소금 1작은술

피클 재료 애플 사이다 식초 250ml, 물 65ml, 설탕 50g, 소금 1/4큰술

Recipe

1. 비트는 깨끗하게 씻은 후 위아래를 자른다.
2. 냄비에 소금과 손질한 비트를 넣고 센 불에 올린 뒤 끓어오르면 중간 불로 줄여 20분간 끓인다.
3. 피클 재료를 모두 잘 섞어서 한 번 끓인 다음 한 김 식힌다.
4. ②를 체에 밭쳐 식힌 다음 껍질을 벗겨 먹기 좋은 크기로 자른다.
5. 보관 용기에 ④의 비트를 넣고 ③의 피클 물을 붓는다.

제주 비트 시즌에 선물로 가득 받은 비트를 활용해 일부는 비트피클을, 일부는 샐러드를 해 먹었다. 비트는 익혀 먹어야 일반적으로 싫어하는 특유의 비트 맛(흙 향)이 안 난다. 특히 오븐에 구우면 단맛이 더 올라간다. 오븐에 구워 손질한 비트는 진공포장해서 냉동실에 두었다가 샐러드, 주스에 사용하면 편하다.

콜리플라워 당근피클

Ingredients

콜리플라워 500g, 당근 100g

피클 재료 화이트 와인 식초 400ml, 물 200ml, 설탕 75g, 머스터드씨 2작은술, 피클 스파이스 2작은술, 소금 1/4작은술

Recipe

1. 콜리플라워와 당근은 깨끗하게 씻는다. 콜리플라워는 한 입 크기로 먹기 좋게 자르고 당근은 얇게 원 모양으로 슬라이스한다.
2. 냄비에 피클 재료를 모두 넣고 설탕이 녹을 때까지 한 번 끓인 다음 한 김 식힌다.
3. 보관 용기에 손질한 ①을 넣고 ②를 부어 밀봉하여 반나절 실온에 두었다가 냉장 보관한다.

생강초절임

Ingredients
햇생강 400g, 소금 1작은술

초절임 재료 식초 200ml, 물 200ml, 설탕 100g, 소금 2작은술

Recipe
1. 햇생강은 껍질을 숟가락으로 살살 벗긴다.
2. 껍질 벗진 생강을 칼로 얇게 슬라이스하거나 곱게 채 썬다.
3. 냄비에 물을 넉넉히 받아 소금 1작은술을 넣고 끓인다. 끓어오르면 손질한 생강을 넣고 1분간 데친다.
4. ③을 채반에 밭쳐 물기를 뺀 후 꼭 짠다.
5. 식초, 물, 설탕과 소금 2작은술을 냄비에 담고 설탕이 녹을 정도로 한 번 끓인 다음 식힌다.
6. 보관 용기에 ④의 생강을 넣고 ⑤를 부은 후 반나절 실온에 두었다가 냉장 보관한다.

양하간장절임

Ingredients

양하 20개

절임 재료 물 200ml, 식초 6큰술, 설탕 2큰술, 간장 2큰술

Recipe

1. 양하는 씻어서 길이로 반 잘라 끓는 물에 10초간 데친 다음 차갑게 식힌다.
2. 물, 식초, 설탕, 간장은 섞어서 끓인 다음 한 김 식힌다.
3. 보관 용기에 ①을 넣고 한 김 식힌 절임 재료를 붓는다.
4. 실온에 하루 두었다가 냉장고에 넣어 보관한다.

양하식초절임

Ingredients

양하 20개

절임 재료 식초 150ml, 물 60ml, 설탕 3큰술, 소금 1작은술

Recipe

1. 양하는 씻어서 길이로 반 잘라 끓는 물에 10초 정도 데친 다음 차갑게 식힌다.
2. 식초, 물, 설탕, 소금은 섞어서 끓인 다음 식힌다.
3. 보관 용기에 ①을 넣고 한 김 식힌 절임 재료를 붓는다.
4. 실온에 하루 두었다가 냉장고에 넣어 보관한다.

제피잎 간장절임

Ingredients

제피잎 200g

절임 재료 물 150ml, 간장 50ml, 식초 50ml, 설탕 4큰술, 소금 2작은술

Recipe

1. 손질한 제피잎은 씻어서 물기를 충분히 뺀다.
2. 물, 간장, 식초, 설탕, 소금을 냄비에 넣고 끓인다.
   설탕이 녹을 정도로 끓어오르면 불을 끄고 완전히 식힌다.
3. 보관 용기에 손질한 제피잎을 넣고 ②를 부은 후 실온에 하루 정도 두었다가 냉장 보관해두고 먹는다.

제피잎고추장

Ingredients
제피잎 적당량, 고추장 적당량, 꿀 고추장 분량의 10%

Recipe
1. 손질한 제피잎은 씻어서 물기를 충분히 뺀다.
2. 고추장과 고추장 분량의 10% 정도 되는 꿀을 섞은 후 제피잎을 넣어 잘 섞는다.
3. ②를 보관 용기에 담은 후 윗부분을 꿀로 도포하고 뚜껑을 닫아 냉장고에 보관한다.

제피미소

Ingredients
제피잎 15g, 미소 된장 50g, 술 1큰술

Recipe
1. 손질한 제피잎은 씻어서 물기를 충분히 뺀 다음 돌절구에 찧는다.
2. 미소 된장과 술을 잘 섞은 후 ①과 섞는다. 보관 용기에 담아 냉장 보관한다.

청매실장아찌

Ingredients
청매실 1kg, 설탕 1kg, 소금 1큰술

Recipe
1. 청매실은 깨끗하게 씻은 후 가운데 씨를 중심으로 과육을 쪼개듯 6등분으로 자른다.
2. 손질한 매실은 선풍기에 말려 물기를 제거한다.
3. 수분을 제거한 매실과 설탕 300g을 잘 섞은 후 용기에 담고 다시 설탕 200g으로 매실이 안 보이게 덮는다. 실온에서 24시간 그대로 둔다.
4. 24시간 후 매실과 깨끗한 국물만 건진다.
5. 보관 용기에 ④의 매실을 담고 매실이 잠길 정도의 국물을 부은 후 남은 설탕 500g과 소금을 덮고 김치냉장고에 보관했다가 3개월 지난 다음부터 먹는다.

표고버섯 간장절임

Ingredients

생표고버섯 420g(약 20개), 올리브유 70ml, 소금 1작은술, 통후추(간 것) 2작은술, 청양고추 1개

절임 재료 현미 식초 200ml, 애플 사이다 비니거 70ml, 설탕 50g, 간장 125ml, 소금 1작은술, 다진 생강 1과 1/2큰술, 머스터드씨 1과 1/2큰술, 코리앤더씨 1큰술

Recipe

1. 오븐은 180℃로 예열한다.
2. 표고버섯은 기둥을 떼고 갓의 먼지를 턴 후 올리브유, 소금, 통후추 간 것을 넣어 잘 버무린다. 오븐용 베이킹 팬에 표고버섯을 넓게 펼쳐놓고 예열한 오븐에 넣어 15분간 구운 후 완전히 식힌다.
3. 청양고추는 송송 썬다.
4. 모든 절임 재료를 냄비에 넣고 중간 불에 올린다. 끓어오르면 불에서 내려 한 김 식힌다.
5. 보관 용기에 표고버섯과 청양고추를 담고 ④를 붓는다. 실온에서 완전히 식으면 냉장고에 보관한다.

Tip

표고버섯은 통째로 써도 좋지만 귀찮아도 채 썰어서 만들면 또 다른 쓰임새가 있다. 삶은 파스타에 섞어 차갑게 또는 따뜻하게 먹어도 좋고, 샐러드 토핑으로 뿌려 먹어도 좋고, 고기 요리의 사이드 디시로 먹어도 좋다.

토마토 매실절임

Ingredients
토마토 500g

절임 재료 매실청 300ml, 화이트 와인 식초 2큰술, 꿀 2큰술

Recipe
1. 토마토는 팔팔 끓는 물에 넣고 데친다. 끓는 물을 보고 있으면 토마토가 하나둘 껍질이 뒤집어지면서 벗겨지는데, 이때 불을 끄고 건져 찬물에 담근다. 너무 많이 익혀도 좋지 않다.
2. 데친 토마토를 찬물에 담가 껍질을 벗긴 후 채반에 받쳐 물기를 뺀다.
3. 보관 용기에 ②의 토마토를 넣고 매실청을 70% 채운 후 식초를 넣고 용기 윗부분 5cm를 남기고 꿀을 붓는다. 실온에서 하루 두었다가 냉장고에서 이틀 정도 지난 후부터 먹으면 된다.

Tip
시간이 지날수록 토마토가 젤리처럼 쫀득쫀득 말랑해진다.
더운 여름 바질을 넣고 탄산수를 부어 음료로 만들어 먹어도 좋다.

무화과잼 & 딸기잼

Ingredients

무화과잼 무화과 1kg(줄기가 길면 자르고 길이로 6등분),
설탕 2컵, 황설탕 1컵(서양 계량컵 기준 250ml),
레몬즙 3개분(8큰술), 레몬 제스트 3개분(레몬즙 짜기 전에
제스트 준비)

딸기잼 딸기 1kg, 설탕 600g, 레몬즙 1개분,
레몬 제스트 1개분(레몬즙 짜기 전에 제스트 준비)

Recipe

1. 바닥이 두꺼운 냄비에 레몬즙을 제외한 모든 재료를 넣어 끓인다. 중간 불에서 냄비 가장자리가 보글보글 끓기 시작하면 나무 주걱으로 잘 섞는다.
2. 불을 줄여 약한 불에서 1시간 정도 중간중간 주걱으로 바닥을 긁으며 뭉근하게 끓인다.
3. 레몬즙을 넣고 저어주며 주걱을 들어 손가락으로 쓱 문질러보아 자국이 그대로 있을 때까지 조린다(온도계가 있을 경우 100℃가 나올 때까지 조린다). 불을 끄고 냄비째 식혔다가 보관 용기에 담는다.

하귤잼

Ingredients

하귤 1.8kg(4개), 설탕 300g

Recipe

1. 하귤은 솔로 표면을 잘 문질러 깨끗하게 닦는다.
2. 껍질에 칼집을 넣고 벗긴 다음 안쪽의 하얀색 부분을 칼로 저며낸다. 이 부분이 남아 있으면 쓴맛이 난다. 껍질 벗긴 하귤은 과육만 살려 볼에 모아놓는다.
3. 온전히 남은 껍질을 곱게 채 친다. 끓는 물에 데친 다음 채반에 밭쳐 물기를 뺀다.
4. 바닥이 두꺼운 냄비에 ③의 하귤 껍질과 ②의 과육을 담고 설탕을 뿌린 후 1시간 정도 둔다. 설탕이 녹아 적당히 스며들면 불에 올려 약한 불에서 1시간 30분~2시간 동안 거품을 걷어가며 뭉근하게 조린다.
5. 과육이 부드러워지면 불을 끄고 완전히 식힌 다음 보관 용기에 담아 냉장 보관한다.

안초비

Ingredients

멸치 적당량, 소금 멸치 분량의 25%, 올리브유 적당량

Recipe

1. 멸치 총량의 25% 정도 되는 소금을 멸치에 고루 버무려 6개월간 절여둔다.
2. 절인 멸치를 건져 깨끗이 손질한 후 보관 용기에 가지런히 담는다. 올리브유를 자작하게 부어 재운다.

우연히 영철(개그맨 김영철) 덕분에 맛본 뒤로 웃장멸치를 이용해 만들기 시작한 안초비. 웃장멸치는 봄에 바다에서 잡히는 즉시 배 위에 옮겨 실려오는 멸치로 그물에 걸려 털어내기 전이라 신선도가 좋고 몸체에 흠집이 없어 횟감용으로 먹는다고 한다. 매년 봄 멸치 시즌이 시작되면 지인에게 부탁해서 받고 있다. 처음 만들었던 2019년 안초비는 8년 전에 신안군에서 구매한 간수 잘 빠진 소금과 만나 그해에 수확하여 첫 착즙한 올리브유로 만들어서인지 매우 잘되었다. 그래서인지 매년 봄이 되면 영철이가 먼저 "누나, 이번엔 얼마나 주문할 거야?"라고 먼저 물어 3년째 만들면서 나눔을 해왔다. 다가올 봄에 소금에 절인 멸치를 건져서 올리브유에 절여 올해의 안초비를 완성할 예정이다. 지분이 50% 있는 영철이는 지인에게 선물하고 싶다며 특별 주문까지 했다. 그리고 촬영하면서도 우리 스태프들과 이야기 나눴지만 내가 잘 만들어서가 아니라 결국 좋은 재료가 만들어낸다는 걸 다시 확인했다. "영철아, 앞으로도 계속 부탁해!"

part. 2

정지원 셰프의 조식 이야기
이꼬이앤스테이에서 만날 수 있는 정성스러운 조식 한 상

이꼬이앤스테이의 조식 풍경 *164*
서양식 조식 이야기 *174*
조식 식재료 쇼핑 *178*

이꼬이앤스테이의
조식 풍경

방문하시는 분들의 입실 시간은 각기 달라도 조식 시간은 비슷한지라 이꼬이앤스테이 1층의 아침 풍경은 차분하게 분주하다. 새벽 5시에 일어나서 제주의 아침을 일기예보하듯 인스타그램에 업로드하고 1층으로 내려와 습관처럼 제일 먼저 쌀을 씻어 안치고 나서 타이머를 맞춘 다음 전날 준비해둔 재료들로 조식 만들기를 시작한다. 제주의 제철 식재료는 단골 가게들 덕분에 때를 놓치지 않고 장만할 수 있어서 손님들께 여행과 함께 계절을 기억할 수 있는 제철 식재료로 만든 반찬들을 제공해드리고 있다. 제주에서 재배한 식재료는 뭐든 다 좋겠지만 10년의 시간이 채워지니 그중에서도 옥석이 가려져서 이꼬이앤스테이 조식상에 오르는 재료들은 엄선한 것들로만 준비한다. '벌써 몇 번째의 솥밥일까? 오늘 조식으로 힘내서 여행 다닌 분들은 어떤 재미난 이야기를 만들어 오실까? 꼬맹이 손님이 잘 먹어줘야 할 텐데….' 이런저런 잡념을 양념에 함께 버무리며 맛있어지기를, 맛있게 드시기를 바라며 차려낸다. 제주의 식재료 이야기, 반찬들 만드는 방법, 오늘 여행 일정, 이번 여행을 마무리하는 시간 등 저마다의 다른 이야기들은 조식이라는 공통된 매개체로 연결되어 인사를 나누고 서로의 안부를 전하며 그렇게 이꼬이의 식구가 되어간다.

싱거운 셰프의 조식 이야기

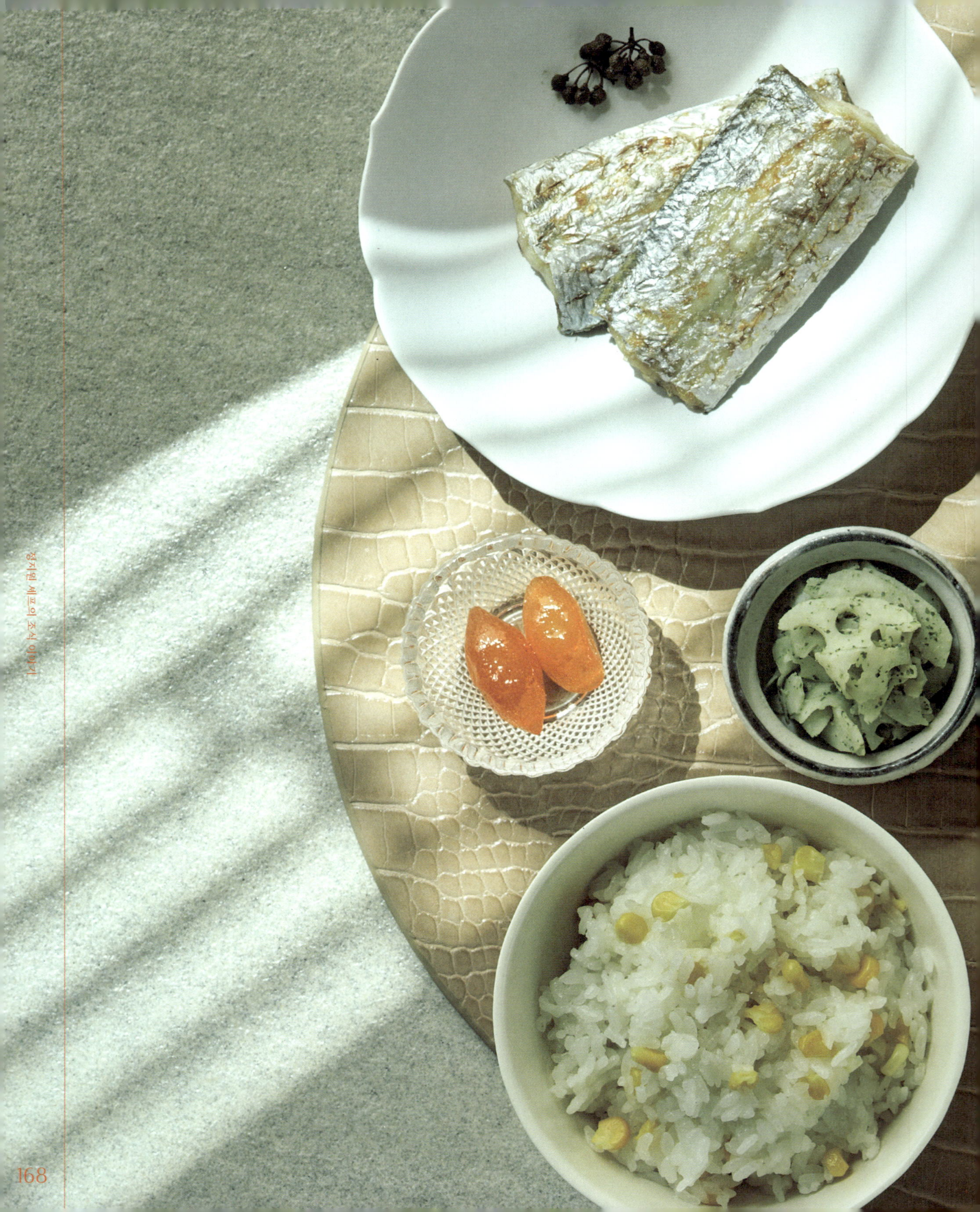

서양식
조식 이야기

연박 손님 중 대부분은 밥을 드시고, 서양 조식을 선택하는 분들은 가뭄에 콩 나듯 있다. 부부가 연박 예약을 하면 첫날은 밥을 먹는다. 다음 날 조식을 확인하며 "내일은 빵 준비해드릴까요?" 그러면 남편들이 대부분 화들짝 놀라며 "왜요! 왜 제가 여기까지 와서 빵을 먹어야 하죠?" 한다. 결국 "네, 내일 밥과 빵을 다 준비할게요" 하며 다 같이 웃는다. 생햄이나 소시지 한 종류(소시지는 트리벳마켓에서 판매하는 오스트리아 프리어스 바우언브랏부어스트 소시지(@trivet_market), 달걀은 프라이 또는 완숙으로 서빙하며, 빵은 직접 만들기도 하고 크루아상을 내기도 한다(동네 레이어 베이크하우스 통밀크루아상, @layers_bakehouse). 조식 찬으로는 당근샐러드, 감자샐러드, 토마토매실절임, 양파절임을 올린 토마토, 멸치샐러드 중에서 두 가지 정도를 올린다. 제철 과일을 함께 곁들인다.

조식 식재료 쇼핑
#오늘의이쁨

오일장을 찾은 정 셰프와 단골 가게 이야기

조식 시간에 많이 받는 질문이 "사장님은 장을 동문시장에서 보세요?" "어디 가서 무엇을 사야 하죠?"이다. 그럴 때마다 내 답변은 이렇다. "동문시장이 이제는 너무 관광지가 되어서 **반건조 생선**[1]을 제외하곤 요즘은 제주 **민속오일장**[2]에 가요. 돼지고기는 서문시장 단골 **정육점**[3]에서 사고요."

[1] 명품수산 064-757-4422
[2] 제주푸른수산 064-712-6930
[3] 부부정육점 064-758-3821

제주 민속오일장은 매달 2일, 7일, 12일, 17일, 22일, 27일 제주공항 근처에서 열린다. 처음 6개월간은 다양한 가게에서 장을 보았지만 두 시즌을 보내고 나니 좋은 물건 나오는 집이 정리가 되었다.

할망장의 일명 망고언니네. 나의 인스타그램 스토리에 종종 언니네 좋은 제철 과일이 있으면 주문하라고 올리는 곳이다. 할망장은 제주시에서 전기, 수도 모두 무료로 제공하며 마련된 장소라고 한다. 오일장 주차 타워에서 나오면 바로 붙어 있다. 많은 집이 제주 애플망고를 팔지만 망고언니네 애플망고가 제일 맛이 있다. 부모님이 워낙 망고를 좋아하셔서 망고를 엄청 사서 먹기도 하고 선물하기도 하면서 언니랑 친해졌다. 요즘도 내가 육지에 있느라 오일장을 못 가면 전화가 온다. "망고 안 먹으멘? 선물할 때 어서?" 망고언니네에서 생고사리, 제피잎, 제피 열매, 양하, 죽순도 사고 시즌마다 나오는 제주의 시트러스 그리고 처음 보는 제주 식재료들도 구매한다. 직접 재배한 채소들은 가끔씩 덤으로 얹어주어 일거리를 늘려주시기도 한다. 얼마 전에 망고언니가 어딘가에서 청귤에이드를 마셨는데 맛있었다면서 "청귤청 안 담그멘? 청귤 줄게 한 통만 담가주라" 하면서 청귤 11kg을 투척하셨다. 여기저기 나눔도 하고 몇 병 만들어드렸더니 왜 이렇게 많이 가지고 왔느냐며 거듭 고맙다고 하셨다. 다음 장에 가니 자주 오는 서울 손님한테 작은 거 한 병 선물로 줬다고 하신다. 이래서 망고언니랑 친한가 보다. 두 개가 있으면 누군가에게 하나를 줘야 하는 비슷한 성격.

특수 채소는 제주도 모든 업장에서 찾는 칼농장에서 구입한다. 서울 동네 슈퍼에서 쉽게 못 사는 루콜라, 이탤리언 파슬리, 공심채, 고수, 소렐 등을 마음껏 살 수 있다. 다른 채소들은 사장님 동생 분이 하시는 채소 가게에서 구매하는데 특히 당근과 감자가 맛있다. 역시나 가끔씩 덤으로 주신 재료들 덕에 오일장에 다녀오면 일거리가 넘쳐난다.

여름에 제주에 오신 엄마 모시고 장 보러 갔더니 엄마 오셨다고 단골집에서 이것저것 챙겨주시는데 그것을 본 엄마가 무척 신기해하셨다.

part. 3

이꼬이에 놀러 왔어요

제주 이꼬이앤스테이 *186*
제주 이꼬이앤스테이에 놀러 온 손님들 이야기 *192*
방명록에 남겨진 이꼬이 이야기 *196*

왜 제주였을까? 당시는 지금처럼 제주가 활기차지도 않았고 연고도 없었던지라 왜 제주를 선택했는지 질문하면 딱 떨어지게 답이 나오질 않는다. 서울에서 이꼬이 2호점을 내는 게 좋지 않겠느냐는 의견들이 많았는데 느닷없이 제주에, 그것도 숙박업으로 이꼬이앤스테이를 오픈하게 되었다. 처음엔 친가가 있는 남해 지역에 자리를 찾고 싶었다. 그런데 집도 인연이 있어야 만난다고 찾던 지역에서 인연이 닿질 않았다. 그러던 30대 중반 가을에 만난 올레길을 통해서 제주를 다시 알게 되었다. 그때의 제주는 투박하고 거칠었지만 이상하게 그런 제주에 끌려 지인을 통해 지금의 건물주이신 어르신까지 소개받았고 일사천리로 매매까지 진행했다. 그렇게 제주와의 인연이 시작되었다.

제주 이꼬이앤스테이

35세 이전엔 어쩌다 보니 제주에 딱 한 번 호텔 리모델링 스위트룸 숙박권을 쓰러 왔던 1박 2일의 여행이 전부였다. 35세 가을에 초창기 올레길을 걸은 후 제주 방문 기회가 잦아졌다. 그러다 문득 2012년 봄 '2013년 여름 이전에 제주에 무언가 사두지 않으면 평생 제주에서 아무것도 못 사겠구나'라는 생각이 들었다. 그러곤 한 달에 한 번 이촌동 이꼬이에서 이벤트로 운영해오던 심야식당 다음 날 쉬는 토요일 새벽 쪽잠을 자고 제주에 내려가 발품을 팔았다. 그렇게 8개월쯤 지났을까…. 제주 민속오일장 신문에서 지금의 이꼬이 건물 사진을 보고는 지인에게 연락을 했다. 지인을 통해 동네 어르신을 소개받고 매매까지 도움을 받았다.

2013년 6월 철거를 하고 여름 장마를 지나고 나서 누수 확인 후 공사를 진행하려 했으나 날씨가 내 맘대로 되던가? 50일 가까이 마른장마가 이어져 결국 9월에 공사를 시작했으나 그렇게 기다리던 비가 그제야 내리기 시작했다. 공사를 시작하고 용도 변경을 하려고 하니 옥탑방이 불법 건축물이니 철거를 하든지 양성화를 하란다. 또 그렇게 인허가 과정이 추가로 생기고, 공사는 늦어지고, 11월 말이 되어서야 인허가 승인이 떨어져 가오픈을 할 수 있었다.

다음 해 월간 <행복이가득한집> 5월호 제주 특집에 선보이기로 약속했기에 잡지 촬영을 하고, 3월 20일부터 정식으로 손님을 받기 시작했다.

가오픈 기간에는 지인들을 상대로 운영하며 이것저것 보완을 했다. 각 층마다 포토 스폿이 된 전신 거울도 처음엔 없었는데 요청을 받아 제작하고 지인들을 통해 피드백을 받으며 세심하게 준비할 수 있었다. 첫해는 지인들 위주로만 손님을 받는다고 소문이 나서인지 어딘가에서 제주 이꼬이를 알게 되신 분들이 예약을 위해 이메일(이꼬이 예약은 이메일로만 받고 있다. ikkoinstay@naver.com)로 중·고등학교 때 라디오에 엽서 보내듯이 사연을 가득 적어 보내주셨다. 그렇게 인연을 맺어서인지 지금까지 찾아주시는 분들이 꽤 많다.

혼자 왔다가 엄마를 모시고 오고, 혼자 왔다가 남자 친구랑 오고, 그 남자 친구가 남편이 되어 태교 여행을 오고, 그리고 출산 후에는 아기와의 첫 여행을 오고…. 이꼬이앤스테이로 와주시는 분들은 그렇게 손님에서 친구가 되어간다.

　가끔 "왜 이메일로만 예약을 받으세요?"라고 물으시는 분들이 있다. 그럴 때마다 나도 사람인지라 기분이 늘 좋을 수만은 없고 청소나 운전을 하면서 전화 응대를 하면 아무 일 없어도 불친절하다고 오해받는 목소리가 더 불친절하게 들릴 수 있기 때문이라고 변명 아닌 변명을 늘어놓는다. 초창기 방명록을 보면 생각보다 사장님이 친절하시다는 멘트가 있는데, 이꼬이앤스테이에 오시는 손님들은 마음이 바다 같다는 생각이 든다.

　혼자 오는 여성 손님이 많아서인지 유독 "나영 언니(방송인 김나영)의 인스타를 보고 왔어요"라는 손님이 많다. 또 가끔 조식 시간에 받는 질문이 "셀럽들과 어떻게 친하세요?"이다. 아버지 장례식 후 고생하신 분들 식사 대접하는 자리에서 어머니가 많이 받은 질문도 그런 것이었다. "도대체 왜 셀럽들이 조문을 왔는지, 따님은 왜 셀럽과 친한지?" 궁금해하면서 말이다.

　모두 이촌동 이꼬이 손님의 인연으로 시작되었다. 어린 시절 워낙 셀럽들이 자주 출몰하는 여의도에 살다 보니(이촌동에서도 역시나 셀럽들을 많이 만났다) 그런 분들이 손님으로 방문해도 특별하게 오버하지 않고 대할 수 있게 되었고, 편하게 지내다 보니 꾸준히 찾아주는 것 같다.

　사실 초창기에 임경선 작가님이 가족들과 다녀가셨는데 알아보지 못했다. 뒤늦게 다른 손님의 방명록을 보고 알았다. "임경선 작가님 트위터 보고 왔어요"라는 방명록을 보고 찾아보니 '임경선'이라는 이름이 있었다. 작가님이 방문한 날 바로 앞 상하수도관이 터져서 물이 안 나오는 바람에 근처 대동호텔에 연락해드려 저녁에 씻고 오셨던 웃지 못할 대형 사고가 터진 일이 있었다. 그때는 못 알아봤지만 어떤 분이었는지 정확히 기억이 났다.

　그리고 정 배우(정일우)의 한 일본 팬은 이촌동 이꼬이에 열심히 오시더니 그곳이 문을 닫으니 제주에 남편과 코로나 전까지는 매년 작은 선물을 들고 방문해주었다.

그리고 가끔 받는 질문이 또 하나 있다. "이꼬이는 여자만 숙박이 가능하다면서요?" "네? 아니요. 여성 동반 가족은 가능하십니다." 가끔 이런 컴플레인도 있다. "남자만도 받아주세요!"

하지만 내가 아는 '남사친'들 빼고는 남자만 오는 손님은 이꼬이앤스테이를 운영하는 한 안 받는 걸 고수할 생각이다. 그래도 문의하시면 근처 대동호텔 또는 브라보인을 추천한다.

"여러분! 남자분들은 아무 곳에서나 주무셔도 안전하다고 봅니다. 근데 여자는 혼자 편안하게 잘 곳이 참 없어요. 그러니 이해해주세요."

　3층을 여성 전용 1인실로 운영하다 보니 2층은 여성 동반 가족 층으로 운영된다. 혼자 여행하면서 경험한 숙박 시설의 불편했던 부분을 다 배제하고 만든 공간이라 조용히 혼자만의 시간이 필요한 손님들이 주로 이용하는 곳이 되었다. 언젠가 3층 손님이 조식 시간에 이렇게 물은 적이 있다. "사장님! 손님들이 절 피해서 다니시는 건 아니죠?" "하하하 아니에요. 손님들께서 이끄이 규칙이 아닌 데도 워낙 조용조용 다니시고 조심하셔서 그런 거예요."

비슷한 성향의 사람들이 찾아주시는 것이 나도 신기할 따름이다.

　2층 가족 층은 2인실(퀸 베드 1개 있음)엔 부모님이 스테이, 작은 4인실(퀸 베드 2개가 붙어 있음)엔 저학년 자녀들과 부부가 스테이, 넓은 4인실(퀸 베드 2개가 떨어져 있음)엔 고학년 이상의 자녀들과 부부가 스테이하며 3대가 함께 방문하는 콘셉트로 세팅을 했다. 저녁에 부부들은 부모님께 자녀들을 맡기고 외출해서 한잔하는 여유를 가질 수도

있으니 3대 모두가 만족하는 여행이 된다.

제주도 동서남북 숙소 여기저기에서 많이 자봤지만 저녁 늦게 숙소에 들어가면 밥 먹기도 힘들었던 기억이 대부분이다. 요즘 이꼬이앤스테이가 위치한 탑동은 1박 2일 머물기에는 끼니가 모자랄 정도로 다양한 맛집들이 생겼다. 처음 오픈할 때는 동네가 이렇지 않았다. 공항이 가깝고(10분 전후) 시장이 가깝고(민속오일장도 15분, 동문시장은 걸어서 5분) 적당히 투박하고 시골스러웠다. 오픈해서 4년간 도로 공사와 전신주 지중화 사업 때문에 매일매일 시끄럽고 먼지도 많았다. 그나마 주말에 공사를 멈춰 감사한 마음이었다. 지금은 공사가 다 끝났는데, 전신주 지중화 사업 이후 제비들을 못 봐서 그것이 살짝 아쉽다. 보안 출입문 앞 전깃줄에 제비 떼가 매일 밤 잠을 자러 와서 우산을 쓰고 다니며 제비 똥 폭탄을 피해 다니던 시절도 있었다.

제주 이꼬이앤스테이에 놀러 온 손님들 이야기

최다 숙박객
고영희의 이꼬이 이야기

2014년 여름 혼자 떠난 제주 여행 이후 제주의 매력에 듬뿍 빠졌고, 몇 군데의 제주 게스트하우스를 거치다 푸드 콘텐츠 디렉터 김혜준님 블로그에 소개된 이꼬이앤스테이를 보게 되었다. 혼자 여행하는 여성을 위한 게스트하우스라는 것에 가장 먼저 호감이 갔다. 내가 숙박 장소를 정할 때 가장 우선시하는 것이 위치와 청결이다. 이꼬이앤스테이는 공항과 차로 10분 이내에 인접한 구제주에 위치해 제주의 동서남북을 다니기 좋고, 청결한 운영이 곳곳에서 느껴져서 나의 숙소 선택 요소에 완벽하게 맞는 장소였다.

낯을 가리는 성격이라 처음에는 셰프님과 간단한 인사만 주고받고 조식 때 잠시 대화를 나누는 정도였는데, 그때도 셰프님은 아주 친절하게 제주의 좋은 곳들을 많이 소개해주셨다. 몇 년을 정기적으로 방문하다 보니 어느새 셰프님과도 친한 사이가 되었고 이제는 내 집처럼 편하게 언제든지 갈 수 있는 곳이 되었다. 이꼬이앤스테이가 있어 더 즐겁고 편안한 제주 여행을 할 수 있었던 것 같다. 지금까지 이꼬이에 머문 횟수를 따져보니 40박 이상은 묵었고, 앞으로도 그 시간은 이어질 듯하다.

이꼬이앤스테이를 선택하는 여러 요소들 중 어느 것 하나 덜 중요한 것이 없지만 그중에서 굳이 하나를 꼽으라면 주저 없이 조식이라고 말하고 싶다.

성인 이후 독립하여 혼자 산 세월이 길어서 집밥을 자주 접하지 못하고 살았는데, 셰프님의 조식은 엄마가 정성스레 차려준 집밥이 생각났다. 물론 요리 솜씨 없는 엄마가 해주시는 것보다 셰프님의 조식이 훨씬 더 맛있지만…. 당근, 톳, 감자, 양파 등 제철의 좋은 재료를 사용한 이꼬이의 조식은 어디에서도 맛볼 수 없는 정성 가득한 음식들인데, 특히나 토마토 양파절임은 충격적일 정도로 취향에 맞는 음식이었다. 오랜 기간 이꼬이앤스테이를 방문한 인연 덕분인지 간혹 먹고 싶은 메뉴를 얘기하면 잊지 않고 기억하셨다가 챙겨주시는 것도 감동 포인트이다.

이런 멋진 요소들이 가득한 이꼬이앤스테이를 10년 가까이 운영하고 계신 정 셰프님을 생각하면 '츤데레'라는 단어가 떠오른다. 셰프님을 잘 모를 때는 조금은 차가운 성격인가 했는데, 알고 보니 상당히 섬세하고 따뜻한 성격의 소유자였다. 이촌동 이꼬이 시절 단골 파티할 때 가게가 꽉 차도록 가득한 사람들을 보며 셰프님이 좋은 사람이라 주변에 좋은 인연들이 많구나 생각했는데, 지금껏 인연을 이어오며 그 생각이 더 견고해졌다. 2015년부터 차곡차곡 쌓아온 관계가 게스트와 주인을 넘어 이제는 좋은 친구로 서로의 기쁨과 슬픔을 함께 공유할 수 있는 인연이 되었다는 것에 지면을 빌려 감사의 마음을 전한다.

오너셰프(7th Door 대표)
김대천의 이꼬이 이야기

처음에 정 셰프님이 '톡톡(TocToc)' 레스토랑에 손님으로 방문해주신 것이 인연의 시작이었다. 내성적인 나에게 동생처럼 편하게 대해주셨고 그 덕에 작년 제주 여행 때 가족들과 함께 이꼬이앤스테이에 방문할 수 있었다.

이꼬이앤스테이에 방문해보니 여행을 많이 다니신 정 셰프님의 감성과 철학이 담긴 곳이라는 생각이 들었다. 게스트하우스지만 개개인의 독립성이 주어지는 시설과 그 덕에 가질 수 있는 편안한 쉼의 여유, 지리적 위치와 반전의 조식이 매력적인 곳이었다. 그중에서 가장 매력적인 요소를 꼽자면 아침 조식이다. 누군가 나에게 이렇게 정성스러운 조식을 해준다는 것은 단순히 아침을 먹는 것이 아니라 '마음', '따뜻함', '치유' 이런 것들을 느낄 수 있는 것이었다. 사실 직업이 요리사라 남이 해주는 건(특히 공짜로) 다 불평 없이 먹지만, 제주도 식재료를 사용해 만드는 이꼬이의 조식은 단순한 요리 차원을 떠나 '치유'라는 기분을 느낄 수 있어서 가장 기억에 남는다. 이런 매력적인 요소를 가진 이꼬이앤스테이는 특히 홀로 여행하며 생각이 필요한 여행객들에게 추천하고 싶은 곳이다.

우리나라에서 이렇게 드시는 분들이 치유받는 느낌이 들게 하는 셰프가 몇이나 될까? 깔끔하고 맛있게 하는 것은 노력하면 할 수 있지만 치유받음을 느끼게 하는 것은 단순히 노력만으로 해결될 일은 아닌 것이다. 그럴 수 있는 이유는 정 셰프님의 타고난 따뜻한 마음과 손맛 덕분이라고 생각한다. 한마디로 '금손'이신 분!!! 항상 후배들 챙기고 하나라도 피해주지 않으려고 배려하시는 모습을 보며 '이런 분을 훌륭한 어른이라고 하는구나' 하고 느꼈다. "늘 존경합니다. 누님!"

**푸드 콘텐츠 디렉터
김혜준의 이꼬이 이야기**

　정지원 셰프님은 업계에서 워낙 알려지신 분이라 SNS의 많은 뮤추얼 친구들을 통해서 존재는 알고 있었으나 내 성향이 워낙 내향적이라 3년 정도를 서로 겉도는 인연으로 지내왔다. 그러다 제주 출장 중 태풍을 만나 비행기가 결항이 되었고 정 셰프님이 차를 마시러 오라고 초대를 해주셔서 그 때 이야기를 나누며 급속도로 친해졌다. 이후 이꼬이앤스테이를 정식 숙박객으로 방문했는데 만성 불면증이 있는 내가 신기하게도 이꼬이앤스테이에서는 낮잠도, 늦잠도 만끽할 수 있는 편안함을 느꼈다. 그런 휴식 후 맛보는 정지원 셰프님의 조식. 그 계절의 제주를 고스란히 담은 아름다운 한 끼가 선물처럼 차려지는 마법이 펼쳐지는 곳이다 보니 횟수를 세는 것을 까먹을 정도로 자주 방문하게 되었다. 혼자만의 서울 탈출일 때도 있었고, 동생 부부와 조카가 함께할 때도 있었고, 친구들과도 왔었다. 그 누구와 그 어떤 목적으로 방문해도 늘 현실의 시름을 내려둘 수 있는 쉼터가 되어준다.

　이꼬이앤스테이의 시그너처라 할 수 있는 아침 조식을 좀 더 설명하자면 남부철기에 갓 지은 윤기가 차르르르 흐르며 밥 향기가 풍성하게 솟아오르는 쌀밥에, 셰프님의 정갈한 손맛이 담긴 절임류, 은은하게 끓여낸 채솟국들과 야키바에 구워낸 제주 생선이 조화롭게 놓여 있어 누구나 절로 사진을 찍게 되는 한 상 차림이다. 물론 그 맛도 잊을 수 없는 감동이고 말이다.

　일상의 무거운 짐에 허덕이는 사람이라면 모두 한 번씩은 혼자 방문해서 쉬어가면 좋을 것 같다는 생각이 드는 이꼬이앤스테이! 이곳에서 치유의 힘을 느껴보시기 바란다. 정지원 셰프님의 무심한 듯 무척이나 다정한, 그리고 시원한 목소리로 전해주는 긍정의 에너지를 받으며 힘들었던 일상으로 씩씩하게 다시 돌아가는 나를 만나게 될 것이다.

방명록에 남겨진
이꼬이 이야기

이렇게 좋은 맘 가득한 건 처음

"엄청난 환대와 정성 가득한 조식. 여러 번 다녀간 제주. 이렇게 좋은 맘 가득한 건 처음. 아침 잘 먹고 잠도 잘 자고 자알 다녀가요!! 꼭 또 와야지."
-2021. 7. 30 '합(合)' 신용일 셰프

일본 어딘가에
와 있는 듯한 느낌의 조식

"동생이랑 급히 놀러 오게 된 제주 여행에서 가장 먼저 한 일은 역시 이꼬이앤스테이 예약이었어요. 혼자 왔을 때도, 남편과 머물렀을 때도, 편안하고 포근한 분위기에 꿀잠을 잘 자고! 맛있는 아침밥을 든든히 먹었던 행복한 기억에 늘 이꼬이앤스테이에 머물고 싶다는 생각이 간절했거든요. 셰프님의 조식은 정말 일본 어딘가에 와 있는 듯한 느낌. 오늘도 든든히 너무나도 맛나게 배 뚠뚠 먹고 갑니다. 감사합니다."
-2019. 4. 30~5. 1 새아라, 빛나라

또 다른 버킷 리스트
'제주 올 때마다
이꼬이에서 묵기'

" '제주' 하면 오랫동안 떠올렸던 이꼬이앤스테이에 드디어 방문한 게 가장 좋았습니다. 아침마다 손 많이 갈 반찬들 가득 채워 따뜻한 밥과 함께 차려주셔서 든든하게 배 채우고, 환대로 맞이해주셔서 마음도 채우며 하루를 시작할 수 있었어요. 방도 너무 깨끗하고 편안하게 머물 수 있게 준비해주셔서 감사했습니다. 버킷 리스트 하나를 실천했는데 또 다른 버킷 리스트 하나 새로 정했습니다. '제주 올 때마다 이꼬이에서 묵기!' 정말 감사합니다."
-2021. 10

혼자 오고, 친구랑 오고,
남자 친구랑 오고, 남편이랑
오게 된 이꼬이앤스테이

"혼자 오고, 친구랑 오고, 남자 친구랑 오다가 남편이랑 왔네요. 사장님이 점점 발전한다는 말씀하셨던 게 생각났어요. 뱃속에 있는 아기가 태어나면 오기 힘들어질 수 있지만 부모님께 맡기고 한번 시도해볼게요.ㅋㅋ 사장님이 추천해주신 맛집들 MJ돼지, 올댓제주 모두 좋았어요. 덕분에 맛있게 잘 먹었습니다. 다음엔 사장님의 이꼬이 디너가 꼭 먹고 싶어요. 조식으로 충분히 사장님의 솜씨를 맛볼 수 있어 좋았지만 토마토샐러드, 샐러드우동이 넘 먹고파요~. ㅋㅋ 언제가 될지 모르겠지만 다시 제주에 와도 또 들를 이꼬이앤스테이, 항상 감사합니다."
-2017. 5. 5 조은채, 김동현

2021년 4월을 시작으로 매달 남기는 '월간 이꼬이'라는 제주 여행 기록

"그동안 너무 오고 싶던 이꼬이앤스테이에 와보네요. 매일 인스타에 올라오는 조식을 먹게 돼서 너무 행복했습니다. 나름 치열했던 서울에서의 일들을 잊게 해주는 좋은 시간이었습니다. 또 힘을 내서 일할 동력을 얻어갑니다. 조만간 또 내려올게요. (티켓 검색 중) 맛있는 조식은 진짜 최고입니다. 햇살 맛집, 조식 맛집, 이꼬이에 놀러 오세요."
-안은주

요리를 통해 나 자신이 얼마나 소중한 사람인지 느끼게 된 경험

"1년을 치열하게 살고, 난생처음으로 홀로 여행을 가야겠다는 마음이 가득해져서 아무런 계획 없이 와 이꼬이앤스테이에서 몸과 마음 잘 머물다 갑니다. 요리를 통해, 쉬는 공간을 통해 나 자신이 얼마나 소중한 사람인지 경험하고 갑니다. 요리사 주인장님, 여러모로 감사드려요."
-2017. 6. 6

한 번만 오는 사람은 없다는 이꼬이앤스테이

"저는 원래 아침을 안 먹고, 원래 생선도 싫어하고, 원래 당근도 싫어하는 줄 알았는데! 그냥 이꼬이앤스테이를 안 와봤던 거였나 봐요. 깨끗하게 다 비운 제 그릇이 신기해서 사진도 찍었습니다. 사장님의 배려로 햇살 좋은 방에서 아주 좋은 하루를 보냈어요. 한 번도 안 온 사람은 있지만 한 번만 오는 사람은 없다는 이꼬이앤스테이, 다시 올게요. 감사합니다."
-2017

예쁜 여행의 기억은 이꼬이의 아침밥과 함께

"친한 친구들과 정말 오래간만에 온 제주도 여행입니다. 언제 이렇게 셋이 다 같이 또 수다 떨고 거의 밤을 새우며 여행을 올 수 있을지 모르겠네요. 하지만 이 예쁜 기억은 너무나 맛있는 이꼬이의 아침밥과 함께 오래 남아 있을 거예요. 제주에서 여러 곳을 다녀봤는데 음식은 이꼬이의 조식이 최고였습니다."
-2021. 10

To. 정지원님

"조식은 두 번째지요. 왜 제주도에 오면 이꼬이인 줄 알겠어요. 이번엔 숙박도 하고 조식까지…. 정말 진정한 B&B였죠. 어제 무더운 여름인 데도 정말 푹 잤답니다. 지금 시각 7시 42분 '김영철의 파워FM' 제 라디오가 나오고 있네요. 밥을 먹으면서 제 라디오를 듣는 건 정말 행운이에요. 눈을 뜨면서 참 행복하다고 생각했어요. 행복감을 가지게 해준 이꼬이 감사했고요. 또 올게용.^^ PS. 갑자기 방송하다 생각나면 번개로 또 올게용.^^ 어제도, 오늘 아침도 감사했어요."
-개그맨 김영철

part. 4

정 반장의 동네 이야기
입도 10년 차 정 반장의 제주 추천 리스트

정 반장의 걸어서 동네 한 바퀴²⁰⁰
정 반장의 차 타고 동네 한 바퀴²⁰⁸
손님들이 소개하는 제주 명소²¹⁶

경 반장의
걸어서 동네 한 바퀴

Die Großeltern

MECHTHILD (WEISS)   **BERTHOLDI (ROT)**

Die Eltern

JOSCHUARI (ROT)   **WILTRUDE (SÜSS)**   **EMMERAM (GE-WÜRZTRAMINER)**   **TIMOTHEUS (WEISS)**

Die Jugend

ATANASIUS (ROT)   **THEODORA (WEISS)**   **WINIFRED (ROSÉ)**

르부이부이

@leboui boui.jeju
제주 제주시 사라봉7길 32

2013년 초여름 진상 손님으로 시작된 인연. 우연히 트위터에서 보고 1시 30분 런치를 예약하고 제주로 향했는데, 비행기 연착으로 1시 30분에 제주공항에 도착했다. 지금은 사라봉 앞에 있지만 당시는 동쪽 끝 종달리에서도 동쪽 끝에 있는 '이스트 엔드(East End)'라는 서양 식당이었다. 가는 데 1시간. 오픈 초창기라 받아주셔서 너무 맛있게 먹었던 기억. 다행히 좋으신 분들이라 예약을 계속 받아주신 덕에 동쪽을 겁 없이 많이 다녔다. 입도 기간이 길어지면서 동쪽 외출이 점점 줄어들었는데, 세상에, 감사하게도 집에서 걸어갈 수 있는 곳으로 이전하며 '르부이부이'로 오픈. 이꼬이앤스테이 체크인으로 저녁 외출이 쉽지 않아서 점심에 주로 이용을 한다. 낮술 한잔하며 오롯이 혼자만의 시간을 즐기기에 딱이다.

메뉴가 시즌에 따라 변하므로 메뉴는 그날의 기분에 따라 선택하길 바란다. 왜인지 모르지만 점심이든 저녁이든 좋아하는 친구들과 가면 신나서 와인을 콸콸콸 마셔대 셰프님이 말리실 지경. 특히 노을이 멋질 때 가면 꼭 밖으로 나와 노을을 보길 추천한다. 샌프란시스코 그 어디쯤 같았던 그날의 노을을 잊지 못한다.

올댓제주

@all_that_jeju_r
제주 제주시 중앙로1길 33 2층

이꼬이앤스테이와 비슷한 시기에 오픈한 이웃사촌. 정말 아무것도 없던 구제주에 문을 연 첫 비스트로. 제주 식재료로 만든 다양한 술안주와 다채로운 주류를 즐길 수 있다. 이꼬이앤스테이도 저녁 영업을 하던 시절엔 같이 끝나고 한잔하며 그날의 피곤함을 술 한잔으로 달래곤 했다. 올댓제주 셰프님 부부 덕분에 잘 버틸 수 있었다. 셰프님이 직접 만든 소시지는 시원한 맥주 여러 병 또는 레드 와인과 찰떡이다. 셰프님의 라구소스파스타도 좋아하는데 토마토를 먹으면 안 되어서 자주 못 가 슬픈 1인.

정성듬뿍제주국

| 제주 제주시 무근성7길 16 1층

2013년 한참 공사하던 시절 동네분에게 소개받아 점심 먹으러 갔다가 어느새 단골이 되었다. 'Simple is Best'란 말이 딱 어울리는 곳! 각재깃국(전갱잇국)과 멜국에는 얼갈이, 장댓국엔 무, 갈칫국엔 호박이 심플하게 들어갔다. 깨끗하게 튀겨낸 멜튀김과 장댓국을 먹고 깜짝 놀랐다. 아주 오래전 제주에서 엄청 유명한 집에서 먹었던 갈칫국이 너무 비렸는데, 그 맛과는 너무 달랐기에. 한국 친구들은 물론 전 세계 다양한 푸디(foodie)들이 모두 좋아했다.

초창기엔 제주 사투리를 안 쓰면 다 쳐다보실 정도로 동네 맛집이었는데. 이젠 극성수기와 토요일 오전엔 오픈런을 해야 한다. 몸이 으슬으슬 춥거나 비가 오면 몸국을 즐겨 먹는다. 몸국은 돼지고기 국물 베이스에 모자반을 넣고 끓인 국인데 호불호가 있다. 일본 라멘을 좋아하는 친구들은 좋아하는 경우가 많다. 책 이야기를 하면서 "사진 뭐 찍을까요?" 하니 여사장님이 얼마 전에 유명한 셀럽이 먹고 간 각재깃국을 찍자 하셨다. 혼자 가더라도 생선국과 멜튀김 반 접시를 꼭 드시길. 그리고 초여름엔 꼭 콩잎을 달라고 해서 멜튀김을 콩잎에 싸 먹어보시길. 술 안 마시고 가도 해장이 되는 곳이다.

기분

@kibun2012
제주 제주시 만덕로 9 1층

예전에 신논현역에 있던 그 '기분' 맞다. 2018년 여름 제주 한 달 살기를 하며 이꼬이앤스테이 1층 키친에서 팝업을 진행하더니 제주가 마음에 든다며 2020년 이꼬이 근처에 직접 공사를 해 멋진 공간 '기분'을 오픈했다. 새벽에 탑동 경매장에서 장을 보는 주인장은 양이 많으면 조식 준비하는 시간에 쓰라고 재료도 나눔하고 간다. 든든한 이웃사촌이 생겨 신난다. 가끔 저녁 챙겨 먹기 귀찮으면 시원한 하이볼 한잔과 함께 저녁 먹으러 간다.

이곳에서 즐기는 첫 잔은 무조건 에비스 생맥주를 추천한다. 주인장의 꼼꼼한 기계 청소로 생맥주의 크리미하고 완벽한 온도의 청량함이 끝내준다. 그리고 두 번째는 벽에 걸린 소주 중에 한 잔 또는 여러 잔 골라 마시면 된다. 개인적으로 사케보다는 일본 소주를 좋아한다. 이곳이 좋은 이유이기도 하다. 벽에 걸린 소주가 다 내 소주 같으니까. 하하! 특히 고구마소주!!! 메뉴는 그날그날 기분에 따라 선택한다.

고도

@kodo.jeong
제주 제주시 어영길 15 1층

제주공항에서 가까운 용두암 해변가 뒤편에 위치한 카페 고도. 원래 이곳은 오랜 시간 동안 부모님이 운영하시던 오리샤브샤브집을 사장님이 리모델링한 공간으로 넓은 마당과 아름다운 조경이 인상적인 곳이다. 카페 안으로 들어서면 뒤편에 자리한 작은 연못을 마주하고 있는 선룸이 보인다. 산미 있는 드립커피 한 잔과 시즌별로 선보이는 디저트를 주문하고 통창 밖으로 보이는 햇살과 초록초록한 정원의 풍경을 감상하고 있다 보면 모든 시름이 사라지는 마법을 경험하게 된다.

정 반장의
차 타고 동네 한 바퀴

양가형제

@yangbrothersburger
본점: 제주 제주시 한경면 청수동8길 3
노형점: 제주 제주시 노형4길 10

몇 년 전 서핑에 미쳐서 매일매일 사계해변에 가던 시절이 있었다. 오랜만에 서핑 숍에 놀러 가니 서핑 후배들이 근처에 수제 햄버거집이 생겼다고 추천을 해줘 집에 오면서 혼자 먹으러 갔다. OMG! 직접 만든 햄버거 번과 육즙 가득한 패티 그리고 신선한 채소들, 완벽한 사이즈의 어니언링…. 샌디에이고 해변가 어딘가에서 먹었던 추억의 햄버거 맛이었다. 그렇게 서쪽 근처를 가면 무조건 햄버거를 먹고 테이크아웃을 해왔다. 육지에서 놀러 온 친구들은 "내가 왜 제주까지 와서 햄버거를 먹어" 하지만 먹고 나면 모두 엄지 척. 언젠가부터 사장님이 눈인사를 하고 반겨주셨다. 한 번이라도 더 가려면 가게가 계속 오픈을 하고 있어야 하니 열심히 추천도 하고 잡지에 소개도 했다. 그렇게 사장님과 친구가 되었다. 작년에 2호점을 노형동에 오픈해 행복한 1인. 본점에서 조리 시설 때문에 팀당 1개만 주문이 가능하던 '경버거'를 노형점에선 맘껏 주문할 수 있어서 더 좋다. 칼로리 걱정이 없다면 밀크셰이크도 꼭 드시길. 어니언링은 무조건 필수다.

한면가

@jejuhanmyeonga
제주 제주시 조천읍 북선로 373

제주에 스시야를 처음 소개한 스시 호시카이에서 오픈한 제주 고기국숫집. 고기국수 외에 보말비빔국수와 돔베고기도 있다. 정 반장이 유일하게 먹는 고기국숫집이다. 16시간 푹 고아낸 육수와 굵은 대면의 조화, 담백하고 깔끔한 국물이 끝내준다. 보말이 듬뿍 들어가 잘 숙성된 비법 양념장과 먹는 보말국수도, 차갑게 먹는 돔베고기도 말이 필요 없다. 안 먹어본 사람은 있어도 한 번만 먹어본 사람은 없다는 한면가. 촬영하러 가던 날도 고기국수를 안 먹는다는 포토 실장님은 국물 한 방울 안 남긴 채 깔끔하게 다 드시고, 스태프는 "멀미가 나서 못 먹을 것 같아요" 하더니 나에게 두 젓가락 주고 나서는 보말비빔국수를 깨끗이 클리어했다. "국수가 메인인 집이니 국수만 찍고 돔베고기는 안 찍어도 될 것 같아요"라고 하는 포토 실장님. "아닐 걸. 보면 찍고 싶을 걸" 했더니, 아니나 다를까 돔베고기가 서빙되는 순간, 날 보며 슬며시 웃었다.

숙성도

@songmeat
본점: 제주 제주시 원노형로 41 1층

제주도에서 제일 핫 플레이스 아닐까? 요즘 '빽 중에 최고 빽이 숙성도 사장님 빽'이라고 한다. 택시 기사님이 얼마 전에 하셨던 말씀. 어느 순간 돼지고기 먹으러 나가면 숙성도에서만 먹는다. 서울 방문객이 많을 땐 일주일에 세 번 간 적도 있다. 그래서 서울에선 돼지고기를 안 먹을지도. 하하! 특히 비계 부분의 뽀얀 기름이 별미다. 고소하고 쫀득하고…. 아, 상상하니 또 먹고 싶다. 첫 점으로 먹는 뼈 등심 그리고 다양하게 곁들여 먹는 장아찌들. 개인적으로 고기가 워낙 좋아 고기만 많이 먹기도 한다. 통항정살을 좋아해서 꼭 한 번 더 주문하고, 돼지 껍질은 수급이 잘 안 되어 없을 때가 많지만 있다면 무조건 배가 터져도 먹는다. 원래 돼지 껍질 안 먹던 1인이었다.

이노찌스시

@jeju_enojji
제주 제주시 전농로 77 1층

제주 후배가 신상 업장이 생겼으니 가자고 연락이 왔다. 이름이 익숙해서 전화기 연락처 목록을 찾으니 '여의도 이노찌'가 떴다. 마지막 입가심으로 영양부추 스시가 나오던 집. 아주 오래전 한 잡지에 그 집의 시그너처 스시로 소개되기도 했다. 셰프님께 "혹시…" 하고 물으니 과연 이런 대답이 나온다. "맞습니다. 여의도에도 있었습니다." 돌아가신 아버지께서 가끔 점심 약속이 없으면 함께 찾던 곳이었다. 언젠가 아버지께 이노찌스시에 가자고 했더니 "그놈아가 청담동으로 이전했다" 하셨을 때쯤 난 제주도로 내려와서 잠시 잊고 있던 곳이었다. 몇 번 방문을 하고 나서 아버지께서 안부를 전한다고 말씀드리니 "누구신지요?"라고 묻기에 성함을 알려드렸다. 그러자 엄청 놀라고 반가워하시며 안에서 일하던 실장님(아내분)까지 부르며 두 분이 좋아하셨다. 아버지 덕에 아직까지도 잘 챙겨주신다. 아버지와 꼭 한 번 더 가고 싶었지만…. 그래도 가끔 누군가와 아버지의 추억을 함께 나눌 수 있는 건 참 감사한 일인 것 같다. 그래서인지 스시는 차가운 음식인데 나에게 이노찌스시는 따뜻함이다.

허커피로스터스

@her_coffeeroasters
제주 제주시 정존5길 9 1층

애정 하는 커피집 중 제일 일찍 문을 여는 덕분에 오일장이 열리는 조식 손님이 없는 날 들르게 되는 곳이다. 평일 오픈 시간은 8am. 이곳 사장님이 직접 로스팅을 하기에 오일장 갔다가 7시 45분쯤 가도 문이 열려 있을 때가 있다. 첫 손님으로 문을 열고 들어가면 사장님은 "오늘 오일장이군요!" 반갑게 맞아준다. 요즘 오픈하는 제주의 카페나 음식점들은 육지에서 온 외지인들이 운영하는 경우가 많은데 이곳 허커피로스터스는 제주 토박이 사장님께서 6년째 운영하고 있는 곳이라 들썩거리는 힙한 트렌드는 없어도 사장님만의 취향이 가득한 곳이다. 제주 공항과 가까운 거리에 있어서 제주를 방문하는 지인들을 픽업하러 공항에 갔다가 오는 길에 들러 제주 여행의 시작을 허커피로스터스 커피와 함께 안내한다. 모두들 만족하며 이곳의 커피처럼 균형 있게, 알차게 제주를 즐길 시동을 건다.

손님들이 소개하는
제주 명소

[조식 코스]

롤링브루잉

| @rollingbrewing
| 제주 제주시 동문로 21-1 1층

이꼬이앤스테이에서 조식을 먹고는 여유 있는 걸음으로 10분 내외 거리에 있는 롤링브루잉에 에스프레소를 마시러 가는 건 이꼬이앤스테이 방문객들의 필수 코스처럼 되었다. 부산 전포동 카페거리의 선두 주자였던 사장님이 운영하는 롤링브루잉은 편하면서도 힙한 분위기가 커피 맛을 더해준다. 2층은 다양한 전시 공간으로도 활용되어 커피를 마시며 좋은 전시도 덤으로 볼 수 있다.

> 조식 코스

브라보

@bravo.gelato
제주 제주시 산지로 19 1층

인근에 위치한 브라보의 젤라토를 그냥 지나치면 섭섭하다. 제주 탑동을 힙하게 만들어주는 여러 매장들 중 하나. 유럽 여행 중 먹었던 젤라토의 추억이 오버랩되는 곳으로 제주만의 재료를 사용해 만드는 시즌 메뉴도 기분을 설레게 한다.

[디저트 코스]

마마롱

@mamarron_official
제주 제주시 애월읍 평화로 2783 1층

서귀포에서 평화로 초입으로 이전하면서 더욱 방문이 편해진 마마롱. 인기 업장이라 쇼케이스 안의 케이크들이 금방 매진되기도 한다. 시즌 한정판으로 나오는 케이크와 에클레르는 꼭 드셔보시길 추천한다. 이 밖에 다양한 파운드케이크와 구움과자도 선물용으로 인기 만점!

(디저트 코스)

우연못

@wooyeonmot.teahouse
제주 제주시 은수길 110 2층

우연못은 중국에서 다도 공부를 하고 온 사장님의 섬세한 손길이 느껴지는 공간으로 우연못만의 블렌딩 티들이 여행의 긴장과 피로감을 여유롭게 풀어주는 곳이다.

(숲길)

삼다수·사려니·
머체왓·한남시험림

걷기 좋아하시는 분들, 혼자 오신 분들은 어김없이 숲길을 찾는다. 명상을 하며 숲길을 걸으면 복잡했던 머릿속이 엉킨 실타래 풀리듯 개운하고 맑게 정리가 된다고 한다. 방명록에 공통적으로 추천된 숲길은 삼다수, 사려니, 머쳇왓, 한남 시험림이다.

이꼬이앤스테이를 방문하시는 분들은 비슷한 성향의 분들이라 그런지 추천해주시는 여행 코스도 비슷한 곳이 많은데, 특히 숲길에 대한 애정이 깊다. 제주에 자주 오시는 분들이라면 여행 코스로 숲길 걷기에 넉넉하게 시간을 할애해보시길 추천한다.

part. 5

살롱 드 이꼬이
여의도 쿠킹 클래스

살롱 드 이꼬이²²⁶
살롱 드 이꼬이 쿠킹 클래스²³⁴
이꼬이의 주방 도구²³⁶
냉장고 털기²³⁸

살롱 드 이꼬이

이꼬이앤스테이 겨울방학이 처음부터 있던 건 아니었다. 집에서 반바지에 민소매 차림으로 지내던 습관 때문에 춥다고 난방을 틀다 보니 제주는 도시가스가 없어 난방비가 한 달에 90만 원씩 나왔다. 2년을 운영해보니 안 되겠다 싶어 과감하게 겨울방학을 만들었다. 그리고 그땐 이촌동 이꼬이도 영업 중이어서 겨울엔 서울에서 이꼬이를 열심히 운영했다.

보통 겨울방학은 11월 중순부터 3월 말까지다. 이촌동 이꼬이를 정리한 후부터는 겨울방학 기간이면 여의도 살롱 드 이꼬이에서 요리 수업도 하고, 친구들과 소소한 만남도 갖고, 궁금했던 레시피 테스트도 한다.

　　살롱 드 이꼬이는 아버지께서 떠나신 후 서울의 집을 정리하면서 만들게 되었다. 어머니 댁으로 들어갈 나의 짐이 너무 많아서 이참에 내 주방을 따로 만들기로 했다. 여의도에서 오래된 상가를 알아보다가 중학교 때 독서실이 있던 건물에 자리가 있는 걸 발견했다. 부동산과 통화 후 공간을 보고 역시나 늘 그러하듯 주저하듯 그냥 Go!

　　신기할 정도로 공간에 대한 나의 선택은 늘 이런 식이다. 세로수길에 있던 첫 번째 장소도 '한번 알아볼까?' 하고 부동산에 들어갔다가 덜컥 계약하고, 이촌동 이꼬이도 '6개월은 놀 거야' 다짐했으나 갑자기 자리가 나왔다고 해서 바로 계약을 하고, 제주도는 건물주와 인사하러 갔다가 어르신이 "계약합시다!" 하셔서 바로 계약을 했다.

　처음 살롱 드 이꼬이 공간을 마련할 때 '칠만 하지 뭐' 그랬으나 늘 그렇듯 그래도 이것만, 그래도 저것만 하다가 결국 지금의 공간이 되었다. 집에 있는 가구를 배치하다 보니 너무 코지한 것 같아 수업을 할 때 바라보는 공간은 좀 쨍한 느낌이 들면 좋겠다는 생각을 했다.

　예전부터 '스뎅'(스테인리스)에 로망이 있던지라 제주 이꼬이앤스테이 공사를 한 후배에게 의뢰를 하니 스뎅 때문에 견적이 생각보다 많이 나왔다. 그리고 스뎅 세팅을 하고 나니 '제주에 있는 라꼬르뉴 제품을 넣으면 딱인데' 하는 생각이 들었다. 하지만 제주에서 올리려고 하니 이전 비용도 만만치 않았고(물론 새로 구입하는 것보단 매우 저렴하다) 그러면 이꼬이앤스테이의 조식은 또 어쩐단 말인가? 결국 욕심 내어 서울에도 같은 모델로 구매했다. "어머, 개인이 두 대 사신 건 처음이에요"라는 담당자의 말. 제주에 세팅할 때도 별장이 아닌 개인 업장 세팅이 처음이라 했다. 10년 넘게 꿈꾸던 라꼬르뉴가 국내에 수입된 지 한 달 만에 찾아가서 구매를 했던 나. 그때 담당자는 이렇게 말했다. "어머, 저보다 제품에 대해 더 많이 아시네요." 그렇게 나와 라꼬르뉴의 인연이 시작되었다.

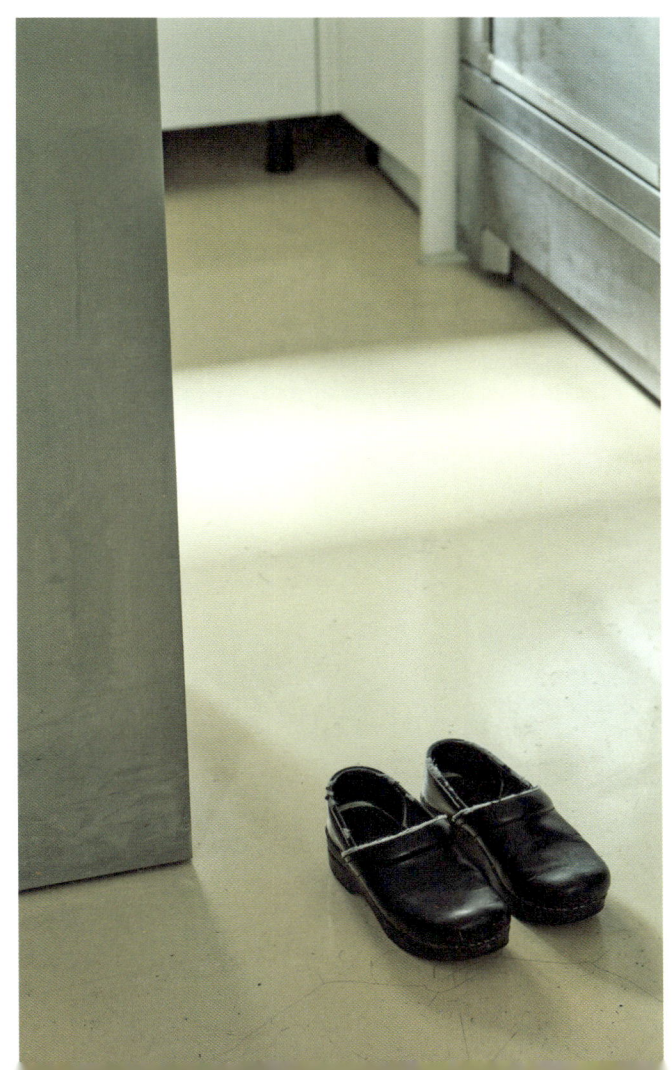

외할머니가 사시던 집에 들어가서 살았던지라 외할머니가 물려주신 그릇과 장이 있었다. 지금 스튜디오에 그것들도 함께 옮겨왔다. 대학교 교수셨던 외할아버지 직업 특성상 방학 때는 외갓집에 늘 손님들이 많았다. 외할머니 심부름도 많이 하고 다양한 구절판에 마른안주를 나눠 담는 일을 하기도 했다. 반짝반짝 빛나는 크리스털 잔이 많았던 기억도 난다. 중학생 때 외갓집에 놀러 가서 외할머니를 도와드리는데 외사촌 여동생이 이렇게 말했다. "할머니 이거 깨지면 아깝잖아요! 왜 써요?" 그러자 외할머니께서 하신 말씀이 생각난다. "손님에겐 좋은 걸 써야 한다. 그리고 아끼다 똥 된다." 하하! 그래서 나도 친구들이 오면 아끼는 그릇들을 꺼내 세팅하고 대접한다.

시니어 타워에 들어가시면서 외할머니 그릇을 내게 많이 주셨다. 외할아버지께서 교환교수로 미국에 계실 때 썼던 타이머, 요즘 구하기 힘든 일본 유리 제품들이 있었다. 그리고 왜 신선로는 5개나 있는 건지. 나의 그릇 욕심은 외할머니를 닮았나 보다. 어머니가 "넌 외할머니 닮았다"고 맨날 그러셨는데…. 진짜 그런가 보다.

살롱 드 이꼬이가 없었다면 2020년이 참 길고 지루했을 것 같다. 2020년엔 안식년을 가지려고 했다. 해외에 나가서 이것저것 배우고 한 달 살기도 하고⋯. 이런저런 계획이 많았으나 역병이 창궐해 결국 아무 곳도 못 가고 스튜디오에서 매달 요리 수업을 했다. 하지만 그것도 집합금지령 때문에 연기와 취소가 반복되었다. 그래도 개인 작업 공간이 있어 감사한 시간이었다. 레시피 테스트도 하고 열심히 배운 빵 만들기 복습도 하며 친구들에게 나눔까지 할 수 있어서 의미 있게 보낼 수 있었다.

살롱 드 이꼬이
쿠킹 클래스

2009년부터 여의도 집을 친구들이 '살롱 드 광장'이라는 이름으로 부르며 모임을 해왔다. 언젠가 한 후배가 이런 말을 한 적이 있다. "언니, 우리 회사 대표님이 본인 마음에 쏙 드는 장소가 있으니 예약을 하라는 거예요. 그래서 어디냐고 물었더니 '살롱 드 광장!' 이러세요. 그래서 '대표님, 거기 이꼬이 언니네 집이에요'라고 했다니까요." 인스타그램에 올린 후배의 피드를 보시고는 회사 대표님이 저장을 해주신 곳이 바로 우리 집인 '살롱 드 광장'이었던 것이다.

나의 주방을 옮겨왔으니 살롱 드 광장으로 네이밍을 할까 했더니 목사마(카루소 브랜드 박성목 실장의 애칭)가 "무슨 소리! 니는 이꼬이니까 살롱 드 이꼬이로 해야지"라고 하시기에 "형님이 그렇게 하라면 해야쥬!" 그러고는 바로 '살롱 드 이꼬이'로 사업자등록을 했다. 그 후 사랑방처럼 이용하다가 여기저기서 "요리 수업을 합시다" "그럽시다" 하는 바람에 또 그렇게 소소하게 지인들 위주로 요리 수업이 시작되었다. 사업자등록증을 낼 때 서비스 교육 사업도 추가해서 모든 요리 수업은 현금 영수증도 발급하고 매출이 크진 않지만 세금도 따박따박 낸다.

무식하고 용감해서 요리 수업을 정말 일찍 시작했다. 미국 가기 전인 1998년, '분당 새댁 요리 샘'으로 활동하며 홈 베이킹을 시작했는데, 내가 만든 빵을 성당 모임에 들고 갔더니 여기저기서 가르쳐달라고 해서 1999년 소소하게 홈 베이킹 수업을 시작하게 되었다. 그때는 알음알음 요리 선생님 집에 가서 배우는 게 유행이던 시절이었다. 그 후 미국에 가서도 사람들을 집으로 초대해 풀 세팅하고 음식을 해드리니 "요리 수업 좀 해줘!" 그래서, 또 그렇게 2002년 샌디에이고에서 첫 한인 가정 요리 선생님이 되었다. LA나 어바인만 해도 한인 가정 요리 선생님이 많았지만 샌디에이고에는 없던 시절이었다. 1시간 거리 국경 근처에서부터 오시는 분들도 계실 만큼 나름 인기 수업으로 자리를 잡아갔다. 2007년 귀국한 이후에는 라퀴진에 주임 강사로 들어가 정말 밤낮없이 요리 수업을 했다. 지금 베이스이즈나이스 장진아 대표도 거기서 만났고, 이소영 콘디토리오븐 대표도 거기서 만났고, 좋은 기운의 후배들을 많이 만났다. 그렇게 신나고 재미있게 라퀴진 강남 시대의 마지막을 마무리했다. 그리고 세로수길의 작업실 '오위소(oouiso)'에서도 케이터링으로 자리 잡기 전에 꾸준히 요리 수업을 했다.

미리 계획하지는 않았지만 꾸준히 하다 보니 '요리 수업을 하는 게 숙명인가?' 하는 생각까지 들었다. 요리 수업은 이제 그만 해야지 싶다가도 여전히 요리에 사용할 식재료를 다듬고 있는 나를 발견하고는 '흐르는 대로 살아가자' 하며 받아들이고 있다.

살롱 드 이꼬이는 이촌동 이꼬이를 그리워하는 분들이 많이 신청하신다. 이촌동 이꼬이 인기 메뉴를 수업 메뉴로 자주 다뤘다. "남편이 배워와서 집에서 해달라고 보냈어요"라고 하신 분도 계시고 "그 맛이 그리워서 왔어요"라고 하신 분도 계시다. 따뜻한 모든 말씀에 진심으로 감사한 마음이다. 아직도 이꼬이를 추억하고, 그리워하고, 잊지 않고 말씀해주시며 여의도 살롱 드 이꼬이에 꾸준히 오시는 분들 덕분에 지속적으로 신메뉴도 찾고, 테스트도 하며, 겨울방학을 보내면서 제주 이꼬이앤스테이의 다음 시즌을 준비한다.

이꼬이의 주방 도구

1933년 오픈해서 3대째 이어져 오고 있는 교토의 쓰지와카나아미(辻和金網) 철공예품점(주방용품점). 6~7년 전쯤 이곳의 철망 제품을 처음 구입한 후 교토에 갈 때마다 하나하나 추가해 구매하다 보니 살림이 늘어 석쇠 철망은 사이즈별로 사두었고 마지막 방문에는 깨 볶는 철망까지 샀다. 친구들 부탁으로 구매 대행도 무진장 해주었다. 한 땀 한 땀 수작업하는 걸 지켜보고 멍한 듯 빠져들었고, 그 매력에 빠져서일까? 어김없이 가게를 나오는 내 손에는 철망이 하나씩 또 들려 있었다. 석쇠 철망은 토스트 굽기용으로 인기가 좋지만 개인적으론 채소를 제일 많이 굽고, 김이나 떡도 자주 구워 먹는다. 확실히 철망에 한 번 볶았다가 식혀서 갈아 쓰는 깨는 고소한 풍미가 남다르다.

냉장고 털기

내맘대로 김밥

매번 이야기하지만 김에 싸면 다 김밥이다. 집에 반찬이 남아 있고 냉동실에 찬밥이 있을 때 전자레인지에 밥을 데워 김밥용 구운 김 위에 올리고 반찬을 올려 돌돌 말면 끝이다. 펼쳐놓은 밥의 하단 3분의 1 지점에 속 재료를 올리고 내 앞쪽에 있는 밥으로 속 재료를 이불 덮어주듯이 감싸듯 말면 잘랐을 때 단면에 속 재료가 김밥 중앙에 이쁘게 모이게 된다.

거의 매일 조식을 준비하다 보니 남은 솥밥을 냉동실에 늘 보관해두고 있고, 반찬으로 준비하는 우엉조림도 넉넉히 해서 냉동실에 항상 넣어두고 있다. 그 외에도 언제나 냉장고 안에 있는 당근라페, 시금치깨소스무침, 미소국 끓이고 남은 부추, 샐러드 채소들. 그렇다 보니 단무지만 있고, 달걀말이만 만들면 후다닥 김밥을 쌀 수 있다. 김밥도 모든 간이 맞아야 맛있으니까 조식 반찬으로 서빙되는 재료들을 이용하면 간이 딱이다.

생고사리굴비찜

매해 명절마다 선물로 들어오는 보리굴비를 활용한 레시피로 특별한 날에 선보여도 손색없는 메뉴이다. 봄에 수확하여 냉동실에 보관해두었던 생고사리 역시 오븐에서 구워내면 향과 식감이 살아난다.

Ingredients

보리굴비 2마리, 생고사리 100g, 양파 1/2개, 마늘 5톨, 청고추 1개, 홍고추 1개, 대파 1대, 녹찻잎 약간, 술 3큰술, 올리브유 약간

Recipe

1. 오븐은 180℃로 예열한다.
2. 보리굴비는 녹찻물에 하룻밤 담가 염분을 뺀다.
3. 오븐 용기에 생고사리를 깔고 보리굴비를 올려놓은 다음 그 위에 슬라이스한 양파, 편으로 썬 마늘, 송송 썬 고추와 대파를 올리고 술과 올리브유를 흩트리듯 뿌린다.
4. ③ 위에 종이 포일과 알루미늄 포일을 싸서 예열된 오븐에 40분간 구운 후 200℃로 올려 10분 동안 굽는다.

비트 & 시트러스샐러드

제주에서 많이 나는 비트는 손질하여 냉동실에 보관해두면 매우 유용하다. 시트러스는 한라봉, 레드향, 천혜향, 청귤 등 제주의 다양한 감귤류를 활용할 수 있다. 상큼한 애피타이저로 추천하는 냉장고 털기 메뉴이다.

Ingredients
비트 1개, 청귤 2개, 올리브유 적당량,
설탕·소금·통후추 약간씩

Recipe
1. 오븐은 200℃로 예열한다.
2. 비트는 씻어서 위아래를 자르고 알루미늄 포일 중앙에 올린다. 올리브유 1큰술을 뿌리고 소금, 통후추 간 것을 뿌린 뒤 포일로 꼭 감싸 예열된 오븐에 1시간 굽는다. 껍질을 벗기고 식혀서 슬라이스한다.
3. 청귤은 껍질을 벗기고 비트와 같은 두께로 슬라이스한 후 설탕을 뿌리고 토치로 표면을 굽는다.
4. 접시에 가지런히 담고 올리브유를 고루 뿌린 다음 통후추 간 것과 소금을 살짝 뿌린다.

from the guestbook

10년 가까이 이꼬이를 스쳐간 손님들께서
손으로 꼭꼭 눌러 써주신 방명록 속의 이야기들은
어느 하나 소중하고 특별하지 않은 것이 없다.
아쉽지만 한정된 지면상 편집자와 에디터,
디자인팀까지 함께 3차에 걸쳐 고른
24가지 이야기를 책에 담았다.

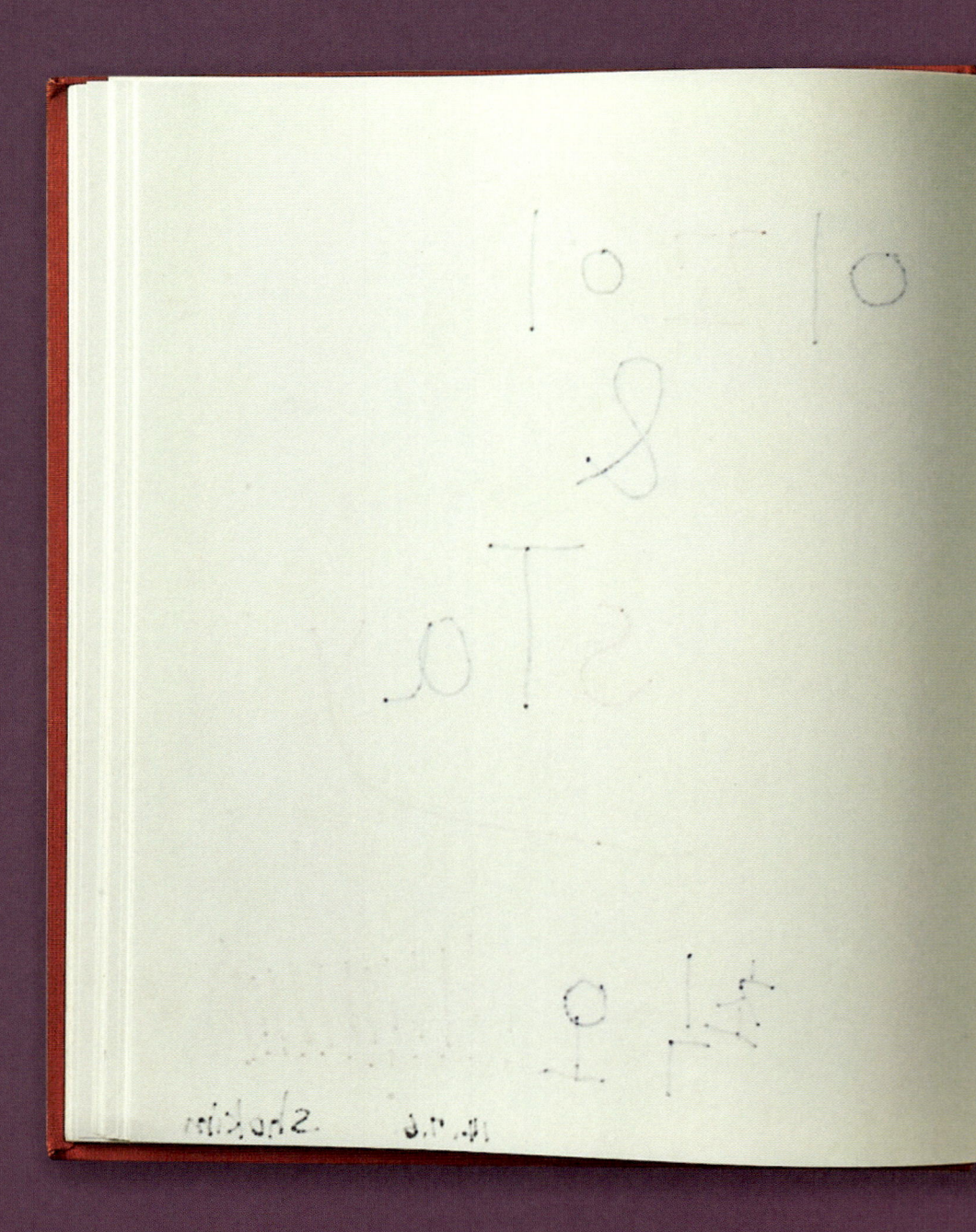

제주관광공사 팸투어로 방문한 대만 손님들.
나의 특징을 잘 잡아서 그려주었고 그림 속의 내가 맘에 들었다.
나중에 알고 보니 엄청난 인플루언서였다. @suechangg

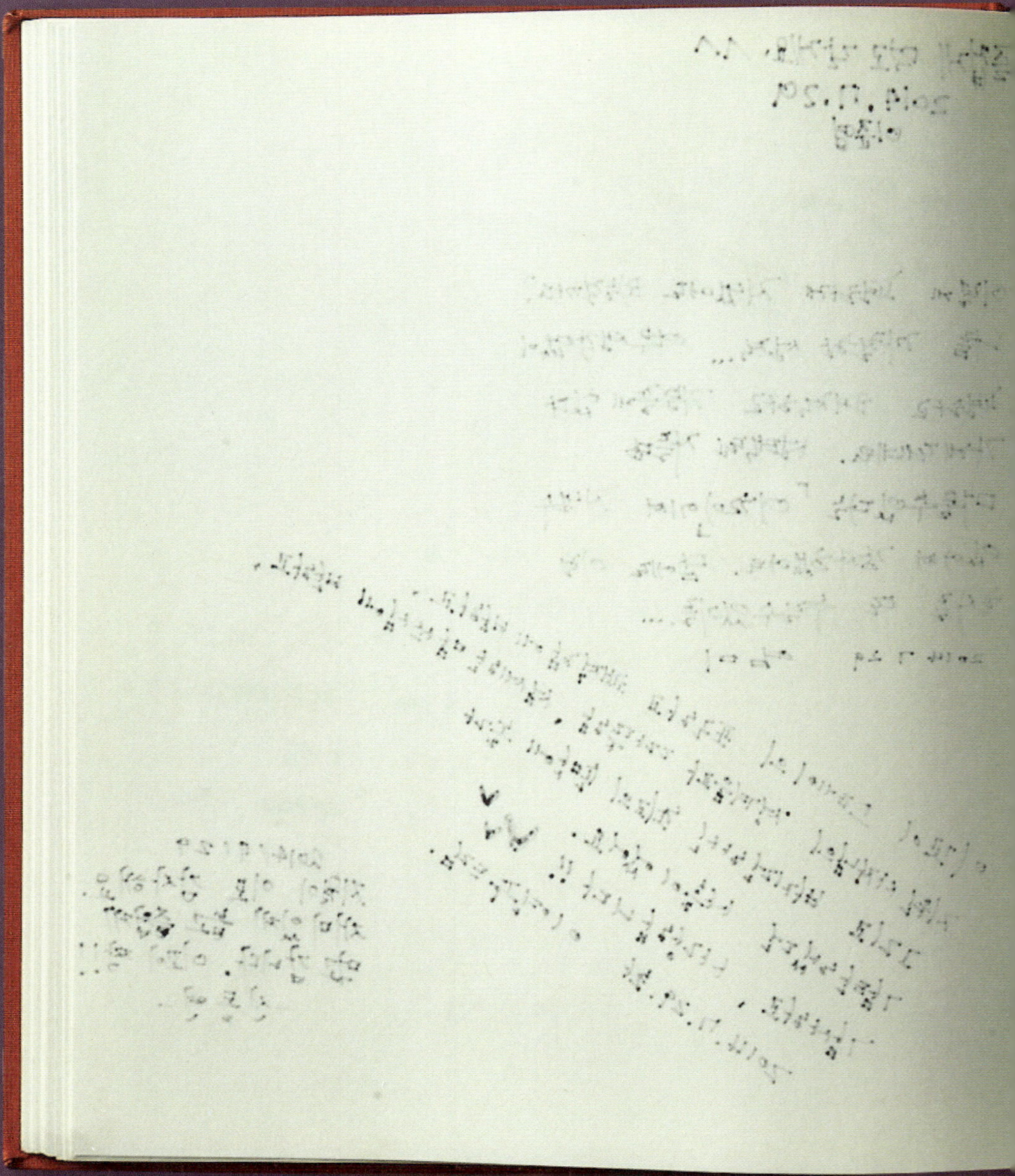

나용이네 너무 잘
다녀 갑니다.
아침에 나온 귀여운
생선구이 맛있었어요.
다음 한국 들어 올때도
꼭 다시 들릴게요.
http://jonleefamilyblog.com
- 상죠, 나용, 선자, 종영
July 31, 2014

캘리포니아에 사는 친구의 영업으로(?) 미국에서 방문했던 가족 손님.
친구에게 이들 손님의 안부를 물으니 꼬마들이 지금은 대학생이 되었단다.
방문했던 꼬마 손님들이 커가는 만큼 이꼬이에는 시간과 세월과 이야기가 쌓여간다.

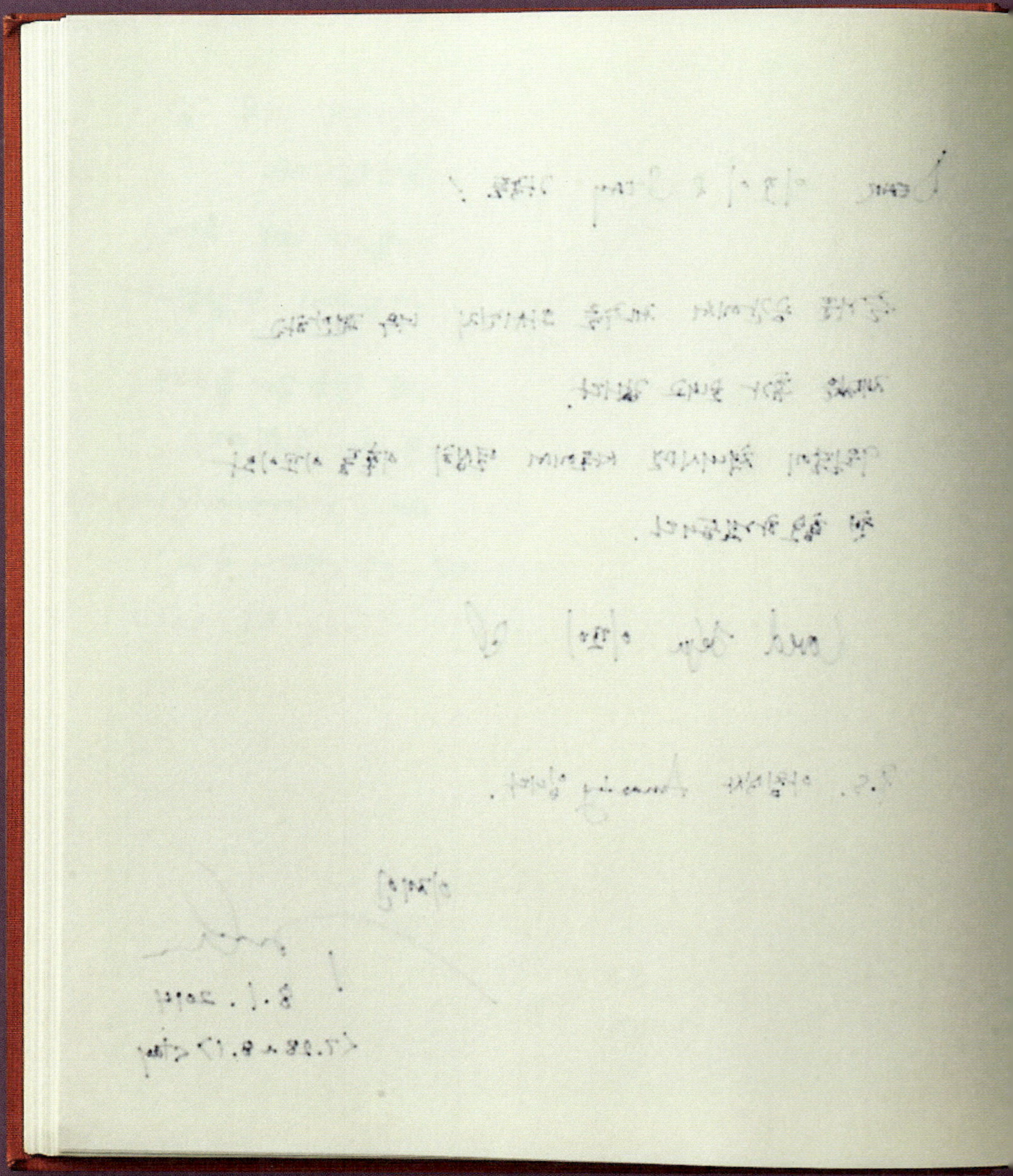

선생님-♡

넘 잘 먹고 잘 자고 잘 쉬다 갑니다
히노끼탕 완전 좋았어요.
맛난 밥도요. ☺   - 어제 -

비로소 맛을 보고 완성되는 것이 인간관계, '사이'라
합니다. 밥 함께 따뜻이 쓴의 먹고, 정지원 선생님의
성품이 빠지지 않을 수 없었습니다. 찰진 흰 쌀밥, 구수하게
데워나온 미소국, 간간히 구워낸 고등어 한토막 옆에 곁들임 반찬들이
짭조름 새콤 달콤. 인생의 다양한 맛이 느껴져
깊은 숙연해집니다. 비 오는 제주와 함께 맛있는
이끼이 제주의 아침, 감사합니다.

                        쓸데없는 읍기!
                            ↘ 여행길도 똑같습니다… 헐~

잡지 마감에 지쳐 마감 끝내자마자 비행기 표 사서 날아온 기자 손님 두 분.
물도 안 받은 히노키 탕 바닥에 타월을 깔고 누워 멍 때리던 그들의 모습이 생생하다.
그 후 나도 가끔 히노키 탕에 타월을 깔고 누워서 편백 향에 취하곤 한다.

2014. 8. 12

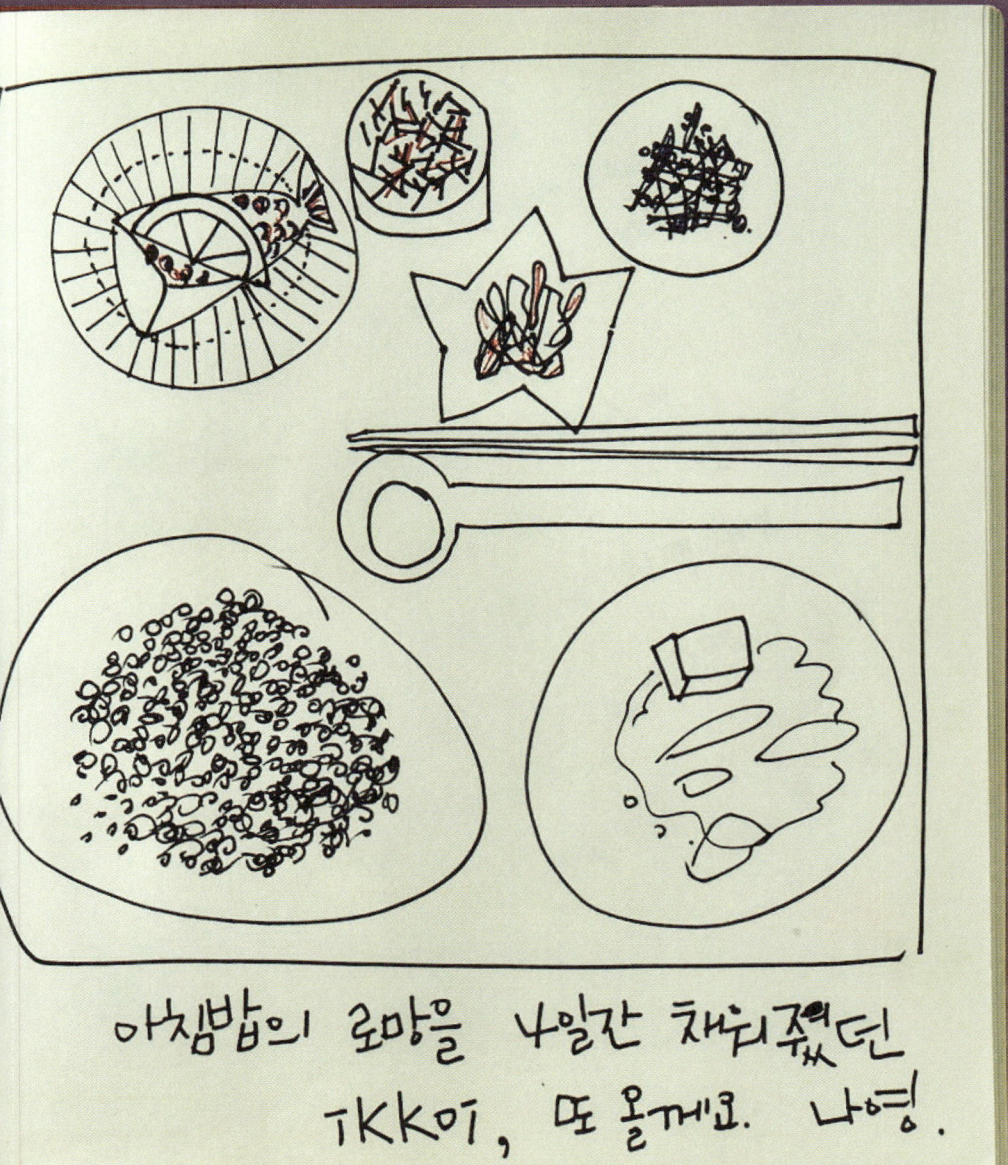

아침밥의 로망을 4일간 채워줬던
ikkoi, 또 올께요. 나영.

이촌동 이꼬이 손님으로 만나 지금까지도 연락하고 지내는 그녀.
아직도 그녀가 다녀간 걸 기억하고 2022년까지 손님들이 와서 이야기한다. "나영이 언니 다녀간 거 보고 왔어요!"
많은 이에게 영감을 주는 그녀의 일상 한 부분에 이꼬이가 함께했음이 기쁘다. @nayoungkeem

우리 책 출간일
2014. 8. 16

다음 책 출판시에 아이디어 추가 △
새로운 챕터로 구성하였으면….
재미있고 유익한 내용을 이어갈수있기를!
지금도 아쉽다.
더좋은 책으로 만들고 싶다.

ikko!

"ikkoi" & Stay
꽃 향기 꽃 와봐야만~

현주니♥호준

~맛나랑 대찬 교요천

BY Howard.

제주의 첫날밤이 너무 포근하고 편안했네요.
집밥같은 아침먹고 오늘 일정 시작~! ♥

정말 오랜만의 단촐한 가족여행을
집처럼 (아늑한) guest house '이꼬이 & 스테이'에서
편안하게 시작합니다. •특히, 일본식 조찬에 나온
제주산 '<u>우럭</u>'의 맛은 잊지 못할것 같네요.
See you again. —DY—

"이 페이지를 작성하신 손님을 찾습니다!
기억이 잘 안 나서 죄송하네요. 날짜도 없고요.
이메일을 찾아보면 기억이 좀 나는데…. 혹시 이 방명록을 보시면 연락주세요."

두달간의 제주도 생활을 마치고
친정집을 한군데 더 만들고 가는 기분입니다.
앞으로 살아가면서
다시 없을 좋은 시간 만들어주신
선생님! 친정언니!
감사합니다.
결혼을 앞두고 새롭게 시작하는 이 때
그 무엇보다 가장 큰 힘과 사랑을
받아갑니다.
사랑해요. 제주 Fam!

살면서 잊을 수 없는 아주 소중한 추억의 시간이었습니다.
어느덧 제 일상이 되어서, 떠나야 한다는 것이 믿기지 않지만
더 반가운 모습으로 찾아오겠습니다.
항상 건강하세요~
— 우산현

2014년 첫 여름 시즌 이꼬이앤스테이를 함께 운영해준 이쁜 커플.
이 커플이 없었더라면 첫 여름을 무사히 넘기지 못했을 것이다.
지금은 엄마 아빠를 그대로 닮은 이쁜 아이들의 부모가 되어 그들답게 열심히 살고 있다.

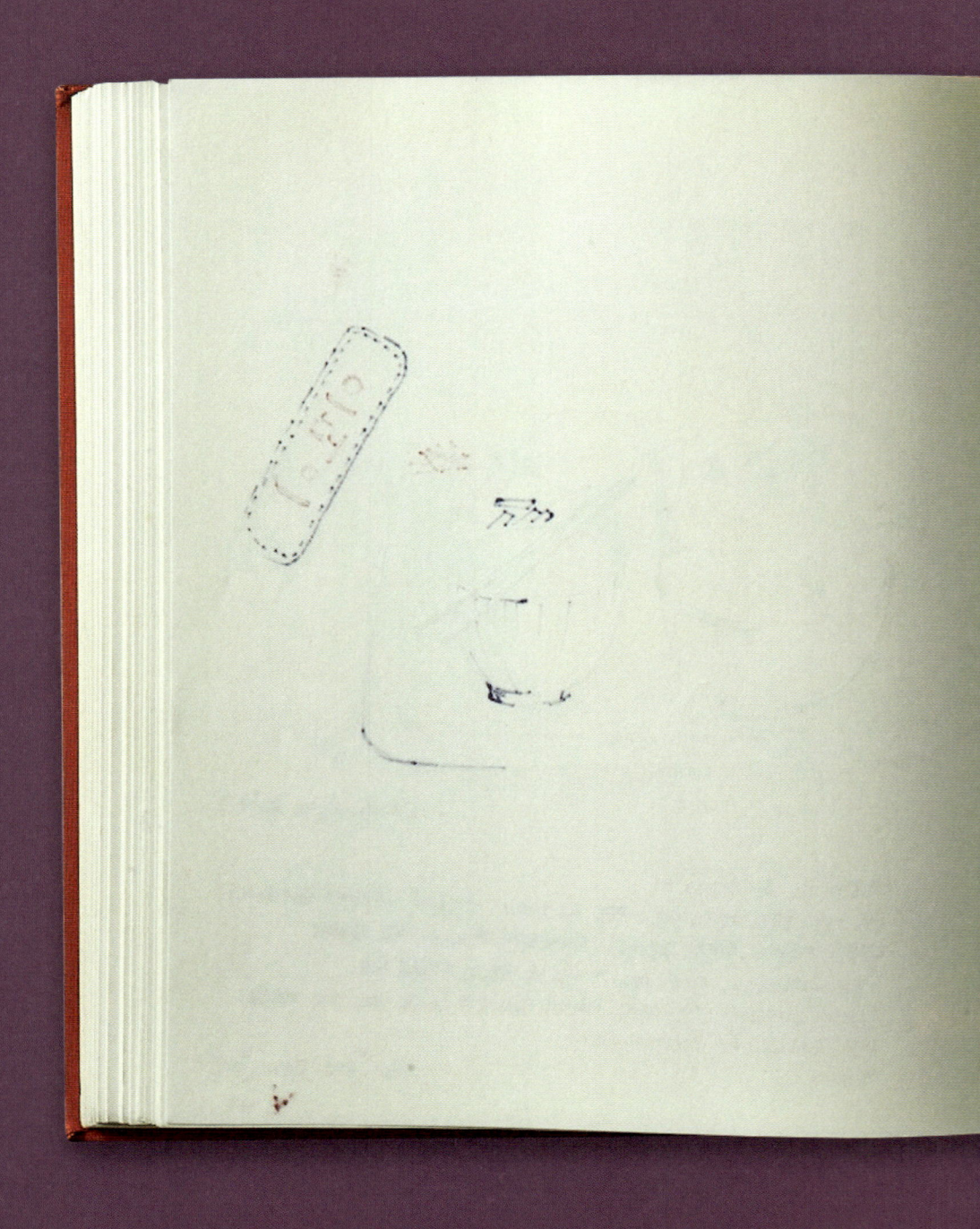

슬쩍 쓸쩍 다른 손님들이
글들을 훔쳐보며…
위안이 되었어요.

많은 사람들이 사막의 오아시스 찾듯
"휴식"에 목말라한다는것.
지금 제가 좀 그렇거든요 ^^

그런 저에게 ♥어프어♥는

옆집에 순이띠 골목가서 아무런 격없이
수다 떨수 있을 것 같은 그런
꾸미지 않은 편한 안락을 선물해 주셨어요.
감사합니다.

10월의 마지막날 비오는 제주도
2014. 10. 31 MY hill

내 기억이 맞다면 출장 끝나고 하루 휴가를 내서 왔던 나의 친구이자 손님.
그날 516도로를 같이 넘어오며 보았던 한라산의 단풍과 당시 나눈 이야기들이 기억난다.
그녀는 책을 함께 만든 친구 김은아다. @myhilla

le 26 janvier
2015
제주에서.
송난영.

정세또님의 깔끔한 조식을 맛나게
먹고있는데 양희은님이 '너가 있어 참좋다'라는
노래가 흐른다. 순간 떠오른 느낌, 생각, 그래,
이그리 & 사영에서 머물고 갈수있어 참좋다.
이그리 & 사영와 인연이 닿아 머물다 갈수있어 참좋다.
여자 혼자 뚝딱이 여행으로 떠나온 10일.
겨울 1월 제주의 찬바람을 오름에서, 천지에서,
바닷가에서 맞으며 몸과 마음의 쉼을 준비하는
10일 보내며.
이곳 이그리가 있었기에 저녁이면 돌아와
'휴식'을 갖았던 것 같다.
   깔끔하고, 온역이 있는 잠자리와. 음식.
혼자의 휴식을 찾던 나에게는 너무도 잘 맞는 곳이다.
감사합니다. 이곳이 있어 주어서. 또 비요.

투병 생활을 오래하시고, 오랜만에 하는 여행이라 식단이 중요하다며 지인이 소개해주신 손님으로 기억한다. 처음이자 마지막으로 받았던 장박(10일) 손님이다. 10일을 지내다 보니 손님보다는 함께 사는 식구 같은 느낌이 들었다. 내 성격 탓이리라. 그리고 무엇보다… 10일 동안 매일 다른 반찬을 만들기가 너무 힘들었다. 그래서 현재는 4박 이상은 안 받는다.

용서하지 않으마
2008. 6. 19 김선현

지지않는 청춘들!
사랑하는 학생들!

사람들이 없으면 안 됩니다
다 있지 않은 것을 보여라
잊지마라

2016. 3. 21. Monday.

이제는 명가락으로 꼽아보기에도 모자란 "아꼬이 & Stay"
에서의 편안한 <ins>햇수를</ins> 휴식..

서울에서의 치열한 일상에서 잠시 벗어나.
포근한 침구에 몸을 누이고, 나도 모르게 긴 잠에
빠져 개운한 기지개를 펼쳐봅니다.
제주 서퍼 주인장님의 부상투혼이 끝나게 되면
맛있는 저녁을 책임지는 이꼬이의 요리들도
다시 만날 수 있겠죠?
그래도 간식의 기쁨을 만끽할 수 있어 감사해요 ♡
벚꽃피는 봄날의 제주는 "아꼬이 & Stay" 에서!!

아. 나는 겨울 그러면 안되는거냐.... ㅠㅠ.
빵요정은 늘 니가 열씨미 쓰자..

2016. 봄... 제주에서 빵요정.
@miel_jade. (insta)

영업 일등 공신 빵요정. 빵요정의 SNS를 보고 온 손님이 정말 많았다.
외유하다 친해지기까지 많은 시간이 필요했지만 지금은 서로 눈빛만 봐도 무슨 이야기를 하고 싶어 하는지 아는 사이가 되었다.
"이꼬이에 대한 빵요정의 이야기가 궁금하신 분들은 195p 김혜준님의 인터뷰를 읽어주세요." @miel_jade

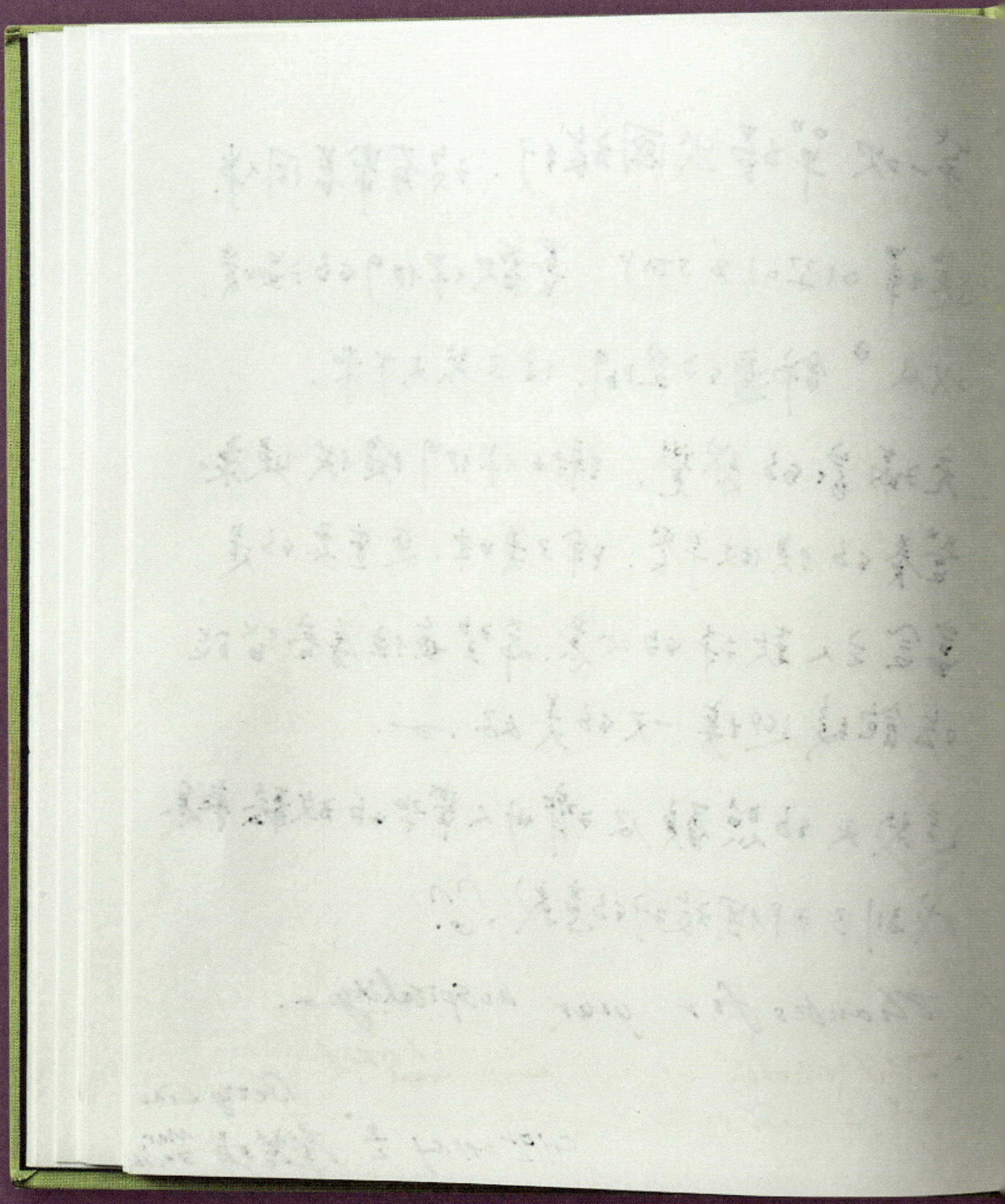

오늘은 2016년 4월 6일 입니다.
저는 여자이고 혼자 왔어요. :D
직장에, 학교에, 연애 사업에… 너무 힘들어서 왔어요.
신기하게도 탑동 공원 좀 걷고, 이곳에서 푹 잤더니
편하고 덤덤해졌네요.
바쁘게 종종거리며 이 곳 저 곳 다니는 제주도 좋지만
그냥 모두 놓고 쉬다 가는 제주도 좋아요!
이곳이 다음에 또 올게요. 여름에 만나요 ─

朴惠琇.

"요즘은 잘 지내시나요?"

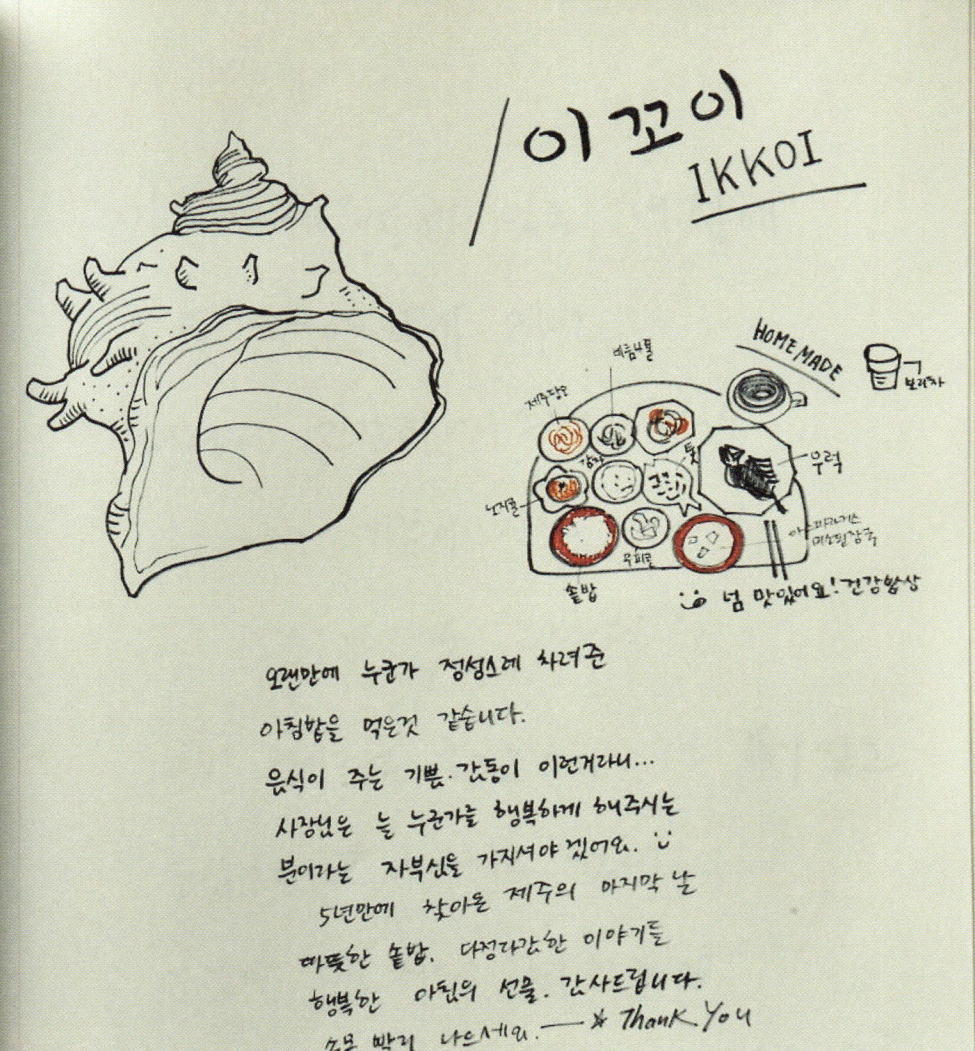

오랜만에 SNS를 찾아보니 밴쿠버에 계시는 고마운 손님이다. 이런 응원 글에 힘입어 9년이란 시간이 지난 것 같다. 이꼬이의 방명록은 단순한 손님의 메모가 아닌 내가 이꼬이를 이어갈 수 있는 원동력이 되어준다. 시간이 지나면 지날수록. @imgemma

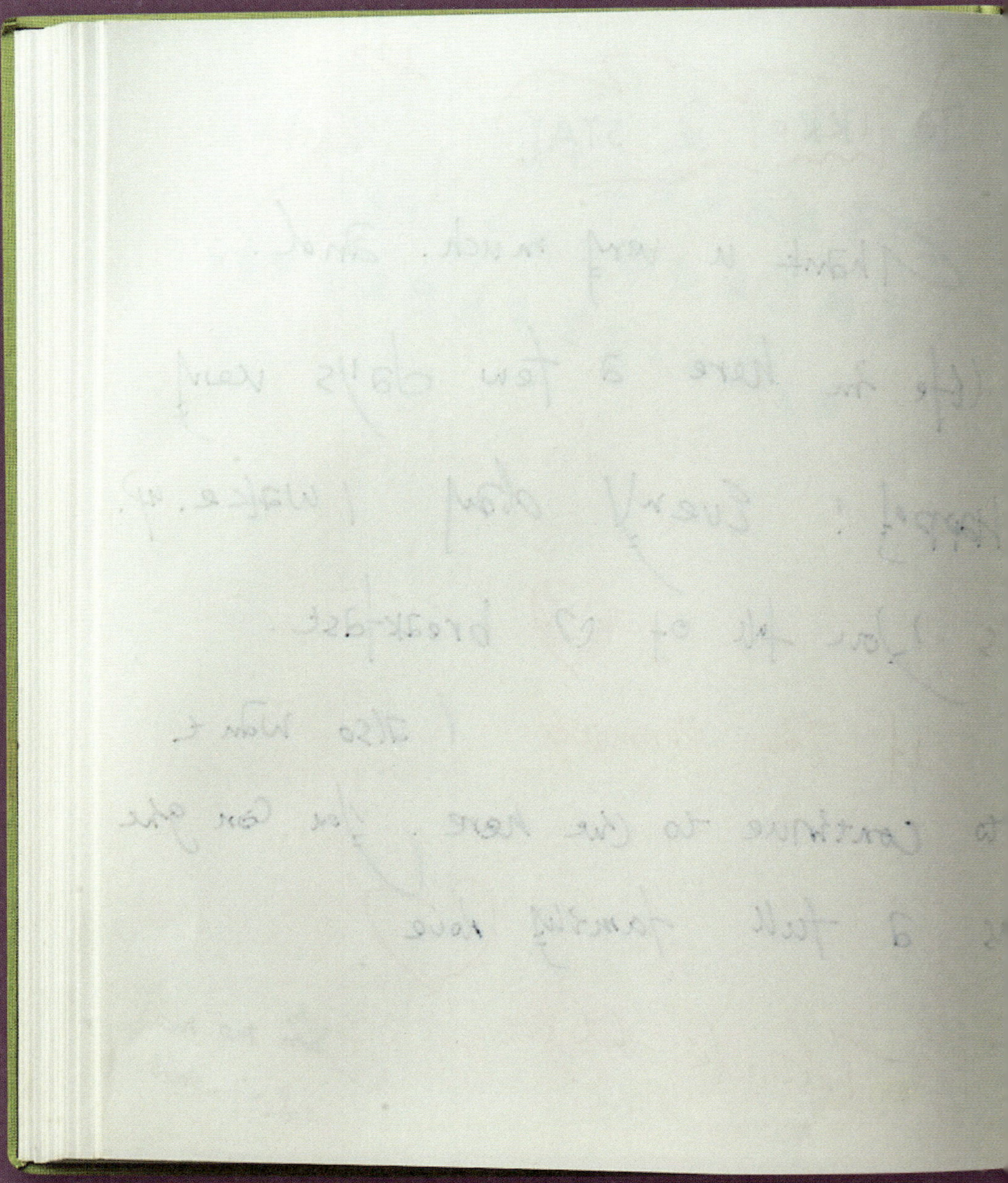

이번이 처음이 아닐 거라 믿습니다.
2차 원정대 곧 출동 하겠습니다.
「한경수」

잊지 못할 추억 만들 수 있게
도와 주셔서 정말 감사합니다.
추억 평생간직 하면서 앞으로
지속적으로 연락하며 함께 했으면
좋겠습니다.
타코 원정대 -김윤곤-

제주에서 이런 일을 ██ 할 수 있게 기회주셔 감사합니다.
2번째 에피소드로 찾아 뵙겠습니다. 행복한 시간입니다.
이곳의 대박을 기원...(엄지척!) 제주 여행시 인싸들입제요 ^_^
- 타코원정대 막내 최우학 -

당시에는 그들과의 팝업 행사가 처음이자 마지막은 아닐 거라 생각했지만 타코 원정대 팝업 후 그들은 너무 바빠져서 다시 제주에 올 수 없었다. 현재 한경수 셰프는 안양에서 한송식당(@bistro_hansong)을 운영 중이고, 김윤곤 셰프와 최우학 셰프는 국빈관(@kukbingwan_official) 외 다수의 레스토랑을 이끌어가고 있다.

제주 여행 재미있었어요~
제주는 처음이라 [더] 신나어요.
엄마랑 할머니랑 놀았어요^^

-정현경-

IKKOI   insta 팔로우로 했어요 ^^

친정 엄마를 위한 효도 여행
이었어요. 4일동안 제주에 머무는
동안, 마지막 일정이었던 이곳.
공항으로 가기 전, 아침거녁.
"제주에서 먹은 음식 중 가장 맛나다"
엄마의 코멘트! 입 짧은 저로, 더 짧은
아들로 싹싹 친겆이하듯 비운 집니다.
참가 목과채!!! 너무 신났어요 ☺
짱짱짱 ♡🐓   — 이재호 —

친정 엄마와 함께 여행 오신 손님. 탐라문화제 기간이면 동네가 시끌시끌한데 시끄럽다고 컴플레인하지 않고 외려 즐겨주셔서 감사했다. 어떤 상황일지라도 긍정의 에너지로 그 상황을 받아들이면 더 큰 기쁨이 올 거란 생각을 이꼬이앤스테이를 운영하면서 방문하시는 손님들을 통해 배우게 된다. @fashi_lifelover

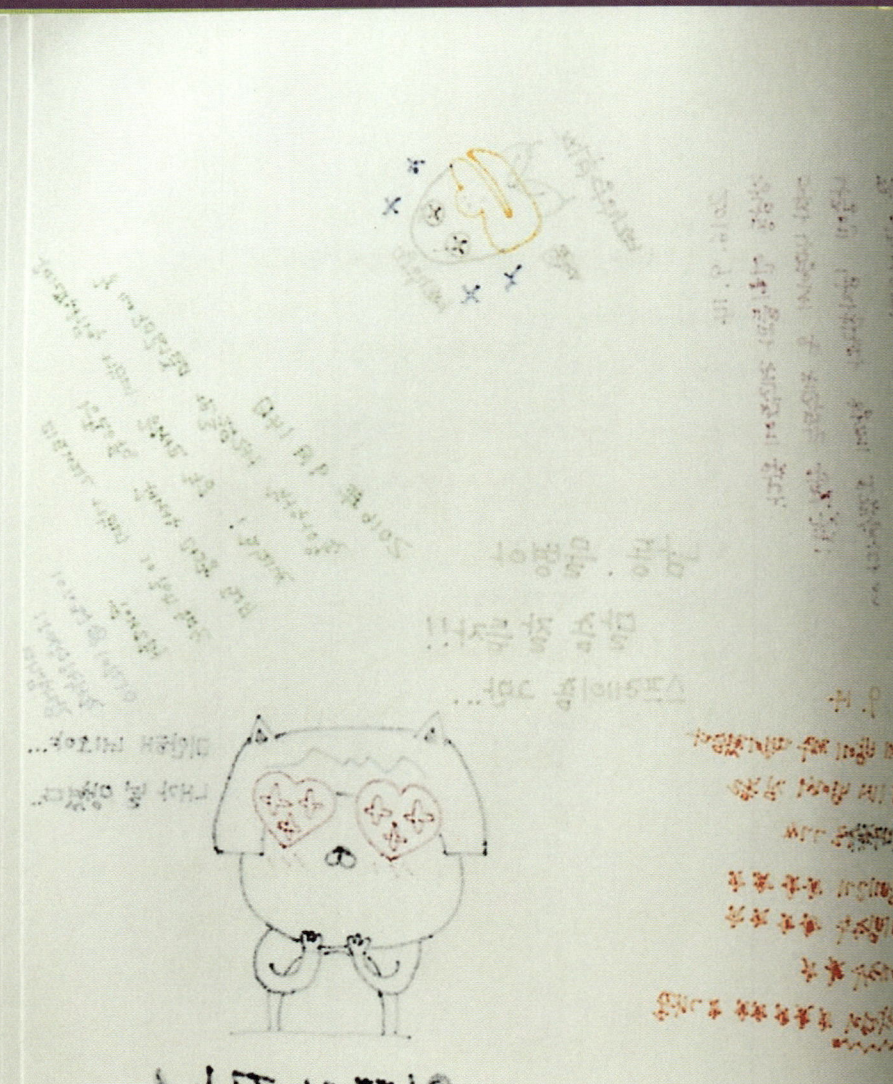

이번 여행의 테마는 '잃어버린 나를 찾아서' 였다.

오랜 연애 끝에 헤어지고서, 빛났던 나의 모습을 다시 찾고 생각 정리할 시간이 필요했었다. 부모님과 함께 사는지라, 혼자만의 공간과 시간이 부족하기도 했었고. 그러다 문득 제주도로 떠나고 싶었고 푸른 바다와 맑은 공기 햇볕을 받으며 조금씩 우울했던 때까름이 가시는 듯한 기분이 들었다. ikki & stay 에 묵기전 게스트 하우스 도미토리에서도 묵었었다. 낯선 사람과 만나 얘기하며 내가 누군지에 대해 소개해야 하니까 조금씩 나를 찾는 기분과 생각이 들었고, 여기 이곳 막 도착했을 땐.. 사진 상에서 봤던 공간보다 훨씬 더 푸근한 느낌이었다. 입구 신발장에 놓여진 포푸리 향기, 단정하고 깨끗하고 정갈한 공간. 1인 여행객을 위한 블루투스 스피커라던가, 집 옆에 놓여진 작은 우체통 하나까지도 어느 것하나 허투루 놓여진 것 없이, 세심하고 과하지 않게 제자리에 놓여있었다. '내 방이었으면 좋겠다' 라는 생각이 많이 들었고, 정지원 쉐프님의 훌륭한 조식까지 먹으면서 글을 쓰는 중이지만. 게스트하우스에서 느끼지 못한, 쉬게 묵는 여행객에게 주는 편안함과 배려의 마음이, 음식과 묶는 공간에 그대로 배어있어서.. 굉장히 감사하고.. 대접받는(?) 기분이 들어서.. 제대로 힐링 하며 가는 기분이다. 공교롭게도 9.14 일이 생일이었는데, 나에게 주는 선물인 것 같다. 정지원 쉐프님 팔목이 아직 안 나으셨다고 들었는데.. 빨리 좋아지셨으면 좋겠고.. 앞으로 그녀의 fan 이 될 것 같다. 주방에서 일 하시는 모습이 무척 멋지고, professional 함이 느껴진다. 서울에 있는 ikki 에도 조만간 들러야겠다.

쉐프님... 더럽... the love... ♡

2016. 9. 15
HAN 🐾

방명록을 읽고 나서 생일 미역국을 준비 못해서 혼자 아쉬워했던 기억이 나는 손님.
"지금 전 손목이 아주 단단하게 잘 붙어서 엑스레이를 찍어도 뼈가 부러진 흔적이 없다고 합니다. 한지은님은 잘 지내고 계신가요? 귀한 시간 빼곡하게 남겨주신 방명록 덕에 9년을 잘 버텼습니다. 감사합니다."
(한때 서핑에 미쳐서 겨울에 지상 훈련하겠다고 스케이트보드를 타다 넘어져서 오른쪽 손목이 뚝 부러졌었다.)

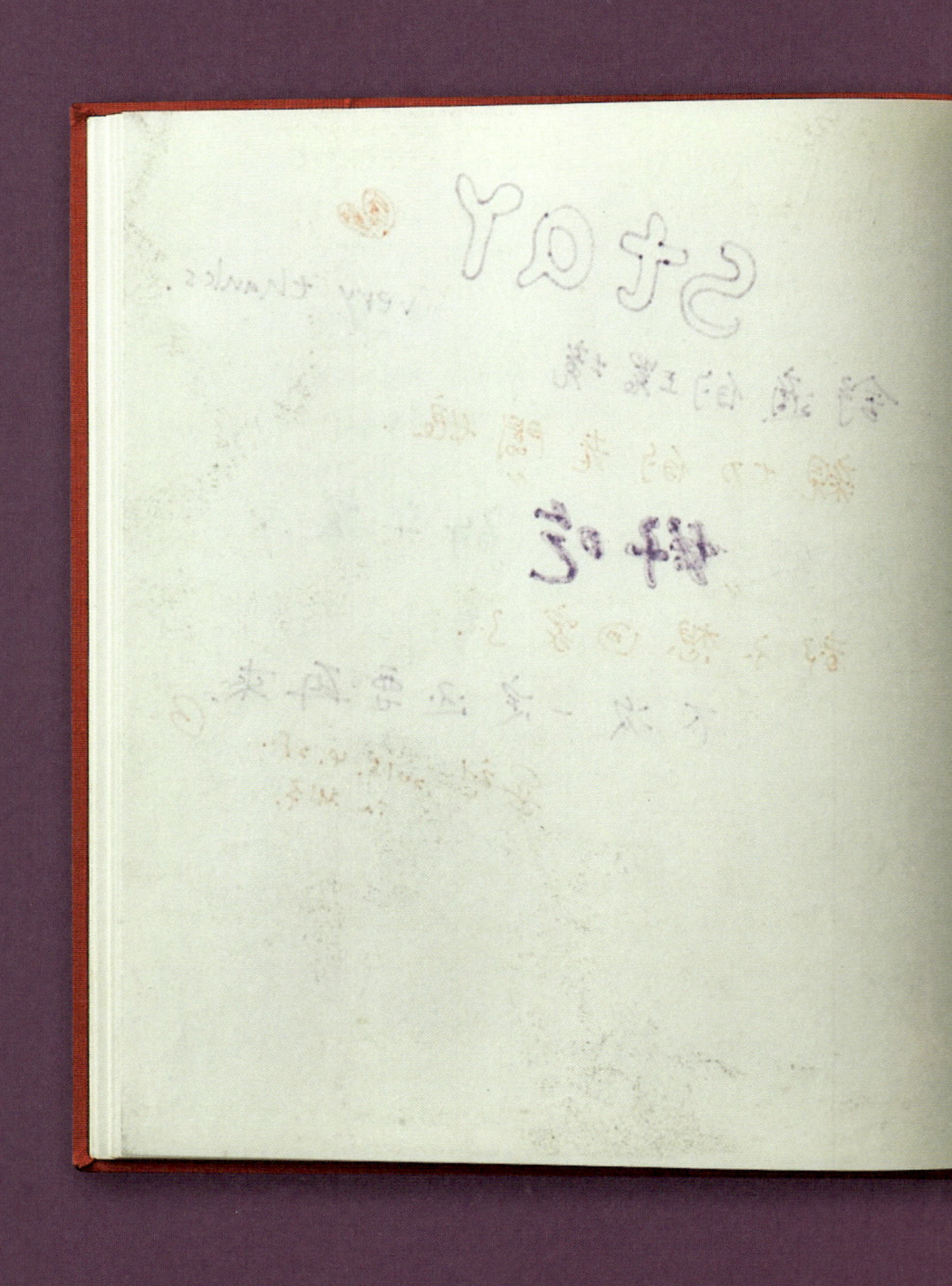

어디선가 연필을 꺼내 꽤 긴 시간 열심히 그림을 그리셨던 장면이 기억난다.
유독 2015년 방명록에 그림이 많다. 여행자의 소중한 시간을 타인과 나누기 위해 남겨준 방명록이 귀한 걸 알기에
또 그 다음 타인을 위해 자신의 시간을 나누는 것 같다. 볼 때마다 괜히 흐뭇하고 뿌듯하다.

2019.9.2

작정 제주행 티켓을 끊고 숙소 알아보다가 발견한 곳인데, 단 하루만 너무 편안하게 조용하게 잘 쉬다가요. 숙소 들어왔을 때 나는 향도 정말 좋았고, 구석구석 세심하게 신경쓰신 흔적이 남아서도 좋습니다. 조식이 너무나 정성스러웠고 먹는내내 속이 편했어요. 맛은 말할것 없구요. 혼자 왔는데 배려해주시고 가볼만한 곳 하나라도 더 알려주시는 사장님 감사합니다. 다음에도 제주를 오면 숙소는 당연히 여기가 될 것 같아요. 저만 알고 싶은 곳이지만 지인에게도 추천해주고 픈 곳입니다. 좋은 건 나눠야죠.

아튼 머무는 하루동안 맘 편히 쉬게 해주셔서 감사드립니다.
다음에 또 뵐게요. ♡

2021.4.7

2년전에 방문하고 너무 좋았던 기억이 있어 다시 찾아왔습니다. 내 집처럼 편안하고 행복하게 머물다 갑니다. 맛있는 조식을 정성스럽게 차려주셔서 늘 감동받고 갑니다. 다음에는 엄마를 모시고 오고 싶어요. 친한 친구와 함께 와도 좋을것 같아요. 많은 매니아층을 확보하고 계시겠지만 나만 알고 싶은 숙소입니다. 이번 여행에는 감사함이 더 크게 느껴지네요. 언제나 건강하시고 오래오래 제주에 계셔 주세요. 다음번엔 연박을 ♡

이효리 요가 선생님 수련원이 근처에 있어 요가인 방문이 꽤 있다.
'체크인-저녁 수련-숙면-새벽 수련-조식-체크아웃' 스케줄이다. "그때 오셨죠?" 하며 방명록을 내미니 "연달아 써도 될까요" 하신다. "그럼요!"
그리고 조식 시간에 혜영 선생님과 요가 리트릿 이야기를 나누다가 영감을 받아 2022년 제주 요가 리트릿을 처음 진행하고 이꼬이앤스테이에서 마무리를 했다. 타이밍이 맞아서 두 번째 요가 리트릿에 참가했는데 좋은 경험이었다. @bukchonyoga_official

요즘 최고 인기 프로그램인 일명 '골때녀'에서 맹활약 중인 액셔니스타 이혜정의 제주 한 달 살기를 응원하러 온 친구들이 이꼬이앤스테이에 손님으로 등장. 게다가 '골때녀'에서 같이 활약 중인 구척장신 팀의 송해나까지 왔으니…. 내 사진을 그녀들 SNS에서 봤다며 친구들이 여기저기서 전화를 해왔다. '골때녀' 인기 실감이다. 캐릭터가 확실한 네 명의 조식 시간을 혜정 남편 이희준 배우가 순식간에 그린 그림. @lee.hee.jun

2022. 7. 2. (화창한 날)

'나를 위한 밥상'을 받았습니다.
삶의 전환점이 간절한 시간인데,
정리나 시작을 위한 방향을 찾으려고 애쓰는 시간인데,
이제 '나'를 향하고, '나'를 보고, 사랑하면서,
그 사랑을 확장하고 살아야겠다 마음이 들어올때,
든든히 배를 채우고, 길을 가라고 .....

누군가를 위한, 또 스스로를 위한 '밥'이
되고 싶다는 생각이 들었습니다.
"내가 니 밥이니?" "넌 내 밥이야" 이런 말들.
괜찮을 것 같습니다. '밥'이 된다는 것.

밥얘기만 두서없이 들어놓은
Helena.^^

응원이 필요했던 시간으로 기억한다. 솥밥을 드시면서 매우 행복해하던 모습이 생각난다.
"나 자신을 사랑하며 잘 지내고 계신가요?"

뜨거운 8월 중순의 제주.
덕분에 행복했어요 ♡
가을에 다시 만나요~
  Kim. ^^

육지인것들
이건 어디에서도 쉽게 얻을수 없다

<프라이드가 느껴지는 멋진 제주제료 셋팅>

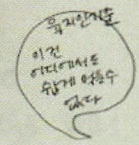

싱그러운 8월의 아침이 ♥
 아침 조식이 유명해서, 제주도민의 쩐 추천을 받고 왔어요
 숙소야 멋함것도 많이 깔끔하고 좋지만, 인상깊은 것은 조식의 구성입니다.
 파인다이닝에서 대접받는 느낌이 있습니다.
 제주산음식재료들로 꼼꼼하게 잘 구성된 식단은 다음날 아침을 설레게 하는 원동력이였습니다.
 셰프님께서 알려주신 가지취밥조림은 꼭 잡게 자세히 해먹어 보려구요.
 리연구가답게 쉽게 해 먹으면서도, 처음도 먹어(?)도 해볼수 있는 실험적인 좋은 음식 어묵국자 같습니다
 다음 번에도 좋은 덕사고 옆에서 기러를 받들어서 오고 싶습니다.

단점 ♡ 한여름 남그러운 감동사운의 백록담을 볼수 있도록 도와준 것은
  한라산 오른다 하셔서 선뜻 자자고 계신 도올 탐욕이 깨끗이 씻겨낸나서 챙겨주신
  체지원 셰프님의 넉넉한 마음과 너그러운 음식을 담은 정성이었습니다.
  호텔의 호텔리어다 저북국회▮이라면 셰프님의 설명과 미소는 사람이 담긴 애티였어요
  항상 행복과 기쁨이 함께 하시길 빕니다. 좋이 너무 부족해서 뵈어 있는데 어쩌 걱정스럽요
                                                         8.14 - 8.17
                                                     - 천안에서 온 HJ. SH 부부 -

제주 인친 추천으로 방문한 손님.
한라산 정상 방문 손님들은 진달래 대피소 통제 시간이 있기 때문에 아침을 공식적인 일정보다 일찍 준비한다.
제주의 식재료를 알아봐주고 밥에 담은 마음도 느끼는 손님들 덕에 새벽밥도 힘들지 않다.

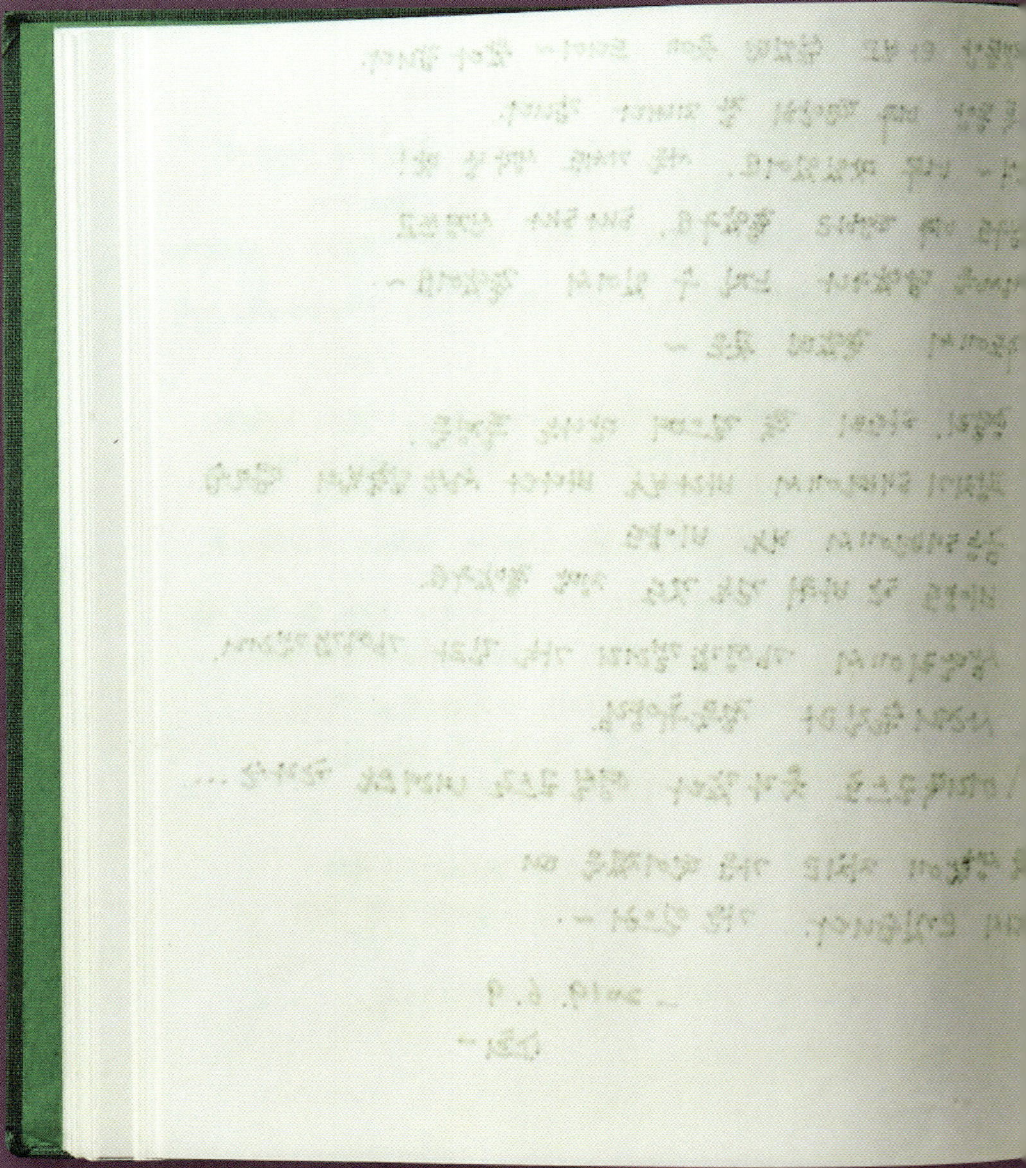

아무 생각 없이 쉬고 가려고 제주도에 왔어요.
첫 숙소이자 첫 여정이 이꼬이앤스테이였습니다!
2시에 칼체크인 해서 퇴실할 때까지 완전!
푹 쉬다가 가요. 꿀잠 자다가 조식 시간도 놓칠뻔 했어요ㅠㅠ
서울에서 잠의 질이 너무 낮아서 자주 깨고,
꿈도 서너 개씩 꾸었었는데. 여기선 그게 그랬나 싶을정도로! ♡
저는 이제 여행 시작이라 좋았던 곳 추천은 못해드리고 가지만
오시는 모든 분들이 저처럼 편하게 쉬었다 가시길 바랄게요 :)
1박이지만 여러면에서 챙겨주시고 배려해주신 셰프님,
감사합니다 ♡ 다음번엔 이메일로 연락드릴게요 ☆
-2019.6.9 정원

주인장만 숙면을 못 하는 이꼬이앤스테이다. 불면증 환자들도 "약 없이 너무 잘 잤어요!" 이야기한다.
나의 얕은 잠은 아마도 다음 날 조식 준비에 생각이 많고 주변 소음에 혼자 예민해서 그런 듯.
소띠여서 그런지 책임감은 남부럽지 않게 강하고 그 덕에 잠 못 드는 밤들이 많아진다.

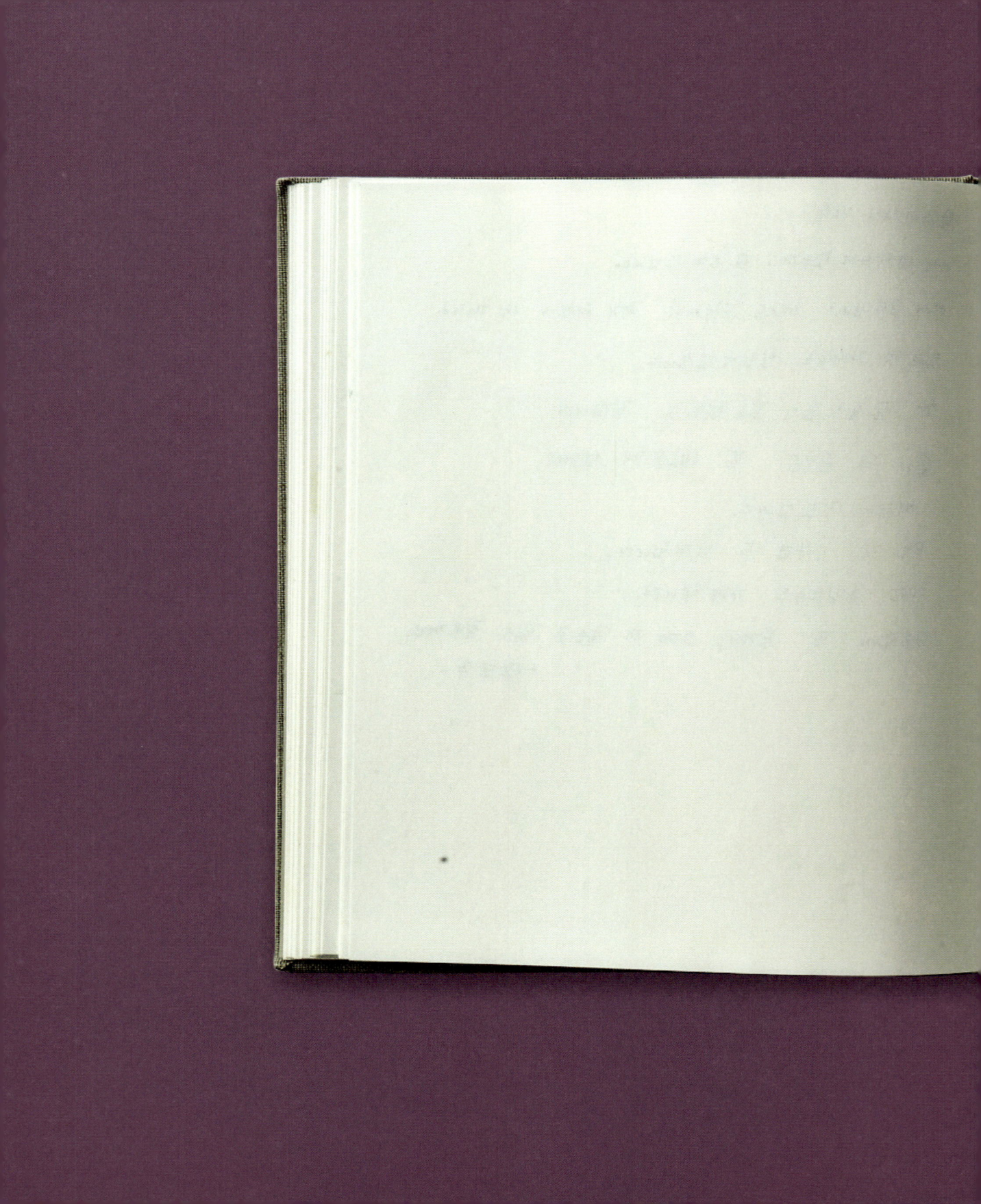

2022. 7. 22.(금) ~ 7. 24.(일)

여름방학 기념 올레길 걷기 (17~18코스 예정)
덥다고 아침2시간, 저녁2시간만 걷기로...
제주시내 조식맛집 찾아 찾아 "묵사마" 스테이 플러스
에서 만난 이꼬이 &스테이. 5월에 예약 찜.

숙소도 넓은 곳으로 주시고
조식도 탈탈 다 털어 먹을 정도로 맛있게 지어주시고
간식도 (앓으면서 먹으라고) 챙겨주시고
식사하면서 좋은 정보도 주시고
모두 모두 만족. 대만족. 가성비대박입니다.

제주시내에서 집처럼 편안하게 쉴수 있는 공간.
그저 감사합니다.
담에 친구들 4인으로 또 와야겠어요.
사장님이 부디 이꼬이 & 스테이를 오래오래 하시길...
            대구에서 올레길 걷기온 60대 부부

추천사를 써주신 신혜연 편집장님의 블로그를 보고 오시는 50대 후반 손님들이 꽤 많으셨다.
이꼬이앤스테이는 17코스 끝 18코스 시작 부근이라 올레길 걸으러 오시는 분들이 있으신데
너무 덥고 습한 여름에는 오이나 토마토 같은 간식을 챙겨드린다.

코로나 전 마지막 해외 손님이다. 엄청 유쾌한 젊은 홍콩 친구들이었다.
코로나에 무탈하고 건강히 지내길….
뉴스에서 홍콩 이야기가 전해지면 멀리서 그들의 안녕을 전해본다.

7/8 - 7/11

이꼬이에서 매일 아침을 든든하게 맛난 가정식으로 시작하니
매번 오던 제주여행이 조금 더 특별해진것같아요!! ₩ 감사합니다~.
친구와 함께 시작한 ~이꼬이~
           여행을 혼자 떠나지만, 친구도 저도 만족도 최상!
다음 혼자여행에도 친구와 우정여행에도 꼭 다시 찾아 볼수있기를...!!

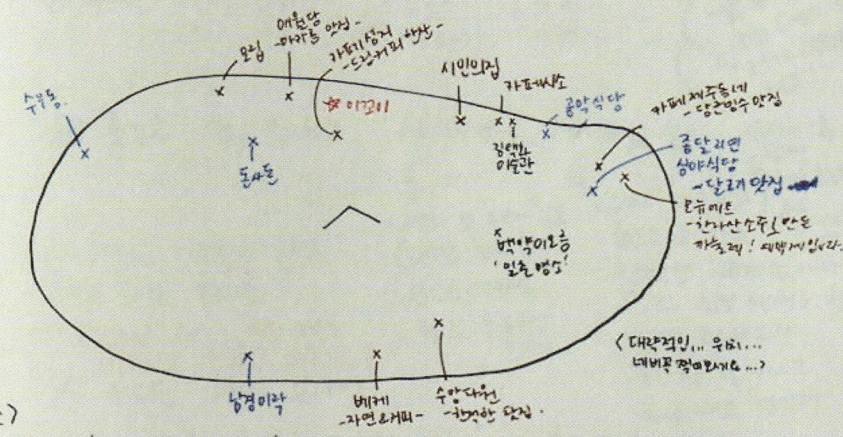

〈추천곳〉
▲ 시민의집 강추입니다!!! 바다뷰를 바라보면서 커피한잔. 책 한권.
    바다가 얼마나 가까운지 창문으로 게 가 지나가더라니까요!!
    함덕쪽으로 할것 볼것 계신분들 잠시 들려보세요

▲ 개인적으로 백약이오름 너무 좋았습니다. 걷는것도 ... 일출도 ... 완벽...!
    저는 '마이리얼트립'이라는 어플/사이트로 일출 가이드분과 같이갔지만 (가이드도 추천!!)
    혼자, 가족, 친구분들이랑 더여오신분들도 편히 다녀오세요! (이꼬이 에서는 ... 40분거리 .. 참고..)
                                                             → 새로운 사랑과 또 인연을 만난다는
▲ 조용히 음악들으면서 혼자하고 싶으신 분들 이꼬이 앞 탑동골목 추천드립니다. 그의 소문...? 추천. 안좋
    옆자리분들의 음악취향도 엿보고 나의 취향도 다시 들여다볼수있고. → 이용시간
    극장보다 ... 집안 아늑한것이... 메리트... ♥ 예약제 (5시/7시/9시) 10일입니다☆

2022/10/12 - 2022/10/18 First visit to Jeju
• 10/12 & 17/12 @ ikkoi

My driving trip started at ikkoi and continued according to the numbers on the map ➡

Basically I did a clockwise road tour based on my research findings. It saved me a lot of time by carefully planning the route. All these attractions were planned before the trip, except for # (Snoopy Garden and 비자림). I went to these 2 places at the suggestion of 지원씨. They turned out to be among my favorites ♥

Jeju is truly amazing! Staying for just 1 week is simply not enough. I must come again.

지원씨 감사합니다. Your food is so delicious! Your place is neat and nice. It feels like home.

Melinda from HK
2022. 10. 18.

① ikkoi
start
① 용두암 & 동문재래시장
② 산굼부리
③ Snoopy Garden ♥
④ 비자림 ♥
⑤ 해녀박물관
⑥ 성산일출봉 ♥
⑦ ~~Hotel~~ 우도
⑧ Hotel
⑨ 섭지코지
⑩ 정방폭포
⑪ 천지연폭포
⑫ 외돌개
⑬ Hotel
⑭ 주상절리대
⑮ Manor Blanc
⑯ Osulloc Tea Museum
⑰ Arte Museum ♥
⑱ Spirited Garden
⑲ Glamping
⑳ Horse Light Towers

박보검을 좋아해서 드라마를 보며 한국어를 공부한 대만 부부 손님. 엄청 유쾌했다. 일주일 일정의 제주 첫날과 마지막 날을 이꼬이앤스테이에서 머물렀다. 워낙 꼼꼼하게 준비를 해가지고 와서 근처 식당이랑 추천지 몇 곳만 추가해주었다. 떠나기 전 마지막 날 제주와 사랑에 빠졌다며 남편에게 몇 개월 제주에서 살고 싶다고, 숙식은 이꼬이앤스테이에서 일을 도와주면서 해결하겠다고 했단다. 나 혼자 일하는 게 힘들어 보인다면서. 그 이야기를 듣고 엄청 웃었다.

epilogue

함께 책을 만든 사람들²⁹⁶

함께 책을 만든 사람들

<이꼬이에 놀러 오세요>를 출간할 때는 함께했던 이촌동 이꼬이 식구들을 소개했었다 (개정판에는 빠졌지만). <이꼬이에 놀러 왔어요>에서는 책을 함께 만들자고 제안했을 때 망설임 없이 선뜻 응해준 친구들에게 고마운 인사를 전하고 싶어 함께 책을 만든 멤버들을 소개하고 싶다.

언젠가부터 소소하게 인스타그램 DM으로 <이꼬이에 놀러 오세요> 구매 문의가 왔다. 출판사의 해체와 애매한 위치의 저자인 탓에 3쇄로 못 넘어갔다며 죄송하다는 답변만 드렸다. 그때 결심(?)했다. '다음 책은 그냥 내가 만들어야겠구나.' (지금 생각하면 제정신이 아니었고, 역시나 무식해서 용감했다.)

너무나 우연히 2016년 뉴욕 출장 때 호텔 로비에서 만났던 치윤. 2019년 그녀의 가로수길 오미자스튜디오(지금은 제주 이전 준비 중)에서 대화를 나누다가 둘 다 책을 만들고 싶은 공통점을 찾았다. 치윤은 제주도가 고향이고 심지어 어린 시절 살던 집이 이꼬이 앤스테이와 3분 거리에 있다. 이 동네에서 뛰어놀았다고 한다. 뉴욕에서 요리학교를 졸업한 치윤은 푸드 매거진과 다양한 프로덕션 일을 오래했고 여러 한국 잡지의 통신원으로도 활동했다. 그녀의 공간 취향과 내가 갖고 있지 않은 차분함에 매료되어 "그럼, 우리 같이 책을 만들자"라고 먼저 이야기를 했다. 2021년 봄부터 만들어보자 했지만 세상 일이 어디 내 맘대로 되나? 그래서 2021년은 언제든 시작할 수 있는 준비를 했다. 레시피를 다시 손질하고 제철 재료로 저장 식품도 차근차근 만들었다. 그래서 2021년 겨울 방학과 동시에 치윤과 2022년 계획을 잡았고 함께하고 싶은 친구들을 이야기했다.

사진은 <비밀의 술안주>, <이꼬이에 놀러 오세요>에서 사진을 찍어준 이과용 실장에게 연락했고 1초의 고민도 없이 "좋아요!" 답을 들었다. 이과용 실장은 2011년 잡지 하우스 포토그래퍼 시절 이촌동 이꼬이를 잡지에 소개하기 위해 초창기에 공간을 찍으러 왔던 친구이기도 하다. 그리고 몇 년이 흘러 <비밀의 술안주>에 실릴 사진을 찍으러 왔을 때 "저 그때 왔던 이과용입니다" "기억나요" 인사를 하고 정말 후다닥 촬영을 했다. 그리고 첫 단행본 <이꼬이에 놀러 오세요>를 찍을 때 출판사와 맺은 계약 조건이 "포토그래퍼는 이과용 실장님으로 해주세요"였다. 개인적으로 요리책에서 제일 중요한 건 포토라고 생각하는 1인이다. 아무리 맛있는 음식을 만들어 잘 담아도 사진이 이상하면 끝이다. 맛없는 음식도 맛있게 찍는 사람이 바로 포토그래퍼. 역시나 이번 촬영도 '아' 하면 '어'로 촬영해주는 과용 실장 덕에 촬영은 순조로웠다. 촬영 내내 "말모말모이! 과! 용!"을 외쳤다. 물론 그는 그럴 때마다 엄청 부끄러워했다. 과용 실장과 함께 멋진 사진을 찍어준 그의 스태프들 현실, 주엽, 근성에게도 감사의 인사를 전하고 싶다.

디자인은 비스타디아의 강명석, 전용철 실장에게 부탁하고 싶었다(나의 동갑 친구 배정현과 이촌동 이꼬이를 방문해서 알게 된 그들). 워낙 브랜딩을 잘하는 친구들이지만 하나를 보면 열을 안다고, 책도 잘 만들 것 같았다. 개인적으로 작업이 마음에 들어 소개도 가끔 하고 혼자 내 맘 속에 저장해두었는데 책 출간 계획이 잡히자 고민 없이 바로 밥 먹자고 연락하고 자연스럽게 이야기를 꺼냈다. 감사하게도 "친한 분들 일은 부담되지만 좋아요. 재미있을 것 같아요" 하며 나에 대한 믿음(?)과 신뢰로 함께해주었다.

제일 마지막에 합류한 사람은 책의 톤 & 매너를 잡아주는 김은아. 많은 양의 방명록을 정리해야 하기에 객관적으로 바라보는 제3자의 시선이 필요했다. 물론 나도 잘 아는 친구면 좋겠다는 치윤의 의견에 연락을 했다. 마침 곧 회사를 그만두고 자유의 몸이 된다는 소식에 조심스럽게 이야기를 꺼냈다. 고민을 좀 하다가 승낙을 했지만 해줄 거라 믿어 의심치 않았다. 왜냐하면 제일 오래된 사회 친구이자 든든한 응원군이기 때문이다. 스물일곱에 친정 같은 곳인 디자인하우스 <행복이가득한집>이 주관하는 리빙디자인스쿨에서 만난 인연으로 지금까지 내가 무엇을 하든 든든하게 응원과 지지를 보내주는 친구이다. 그때 김은아를 만나지 않았다면 나는 지금 무엇을 하고 있을까? 지금의 나는 김은아가 만들어주었다고 가끔 이야기한다. 20대 후반 겁 없던 시절 함께했던 많은 케이터링 행사들 덕분에 다양한 경험을 쌓을 수 있었다. 그리고 미국에서 요리학교를 다닐까 고민하던 나에게 "교수 할 것도 아닌데 그 돈으로 여행 많이 다니고 먹고 와"라고 말해주어 바로 학교 고민을 접고 진심을 다해 먹고 놀았다. 그 덕에 외식 트렌드를 몸소 체험하며 지금의 일을 하는 데 귀중한 자산이 되어주었다. 역시나 귀국해서 홀로 다시 시작할 때에도 그녀는 나에게 든든한 지원군이었다. 제주 이꼬이앤스테이를 준비하며 미국에 기물 사러 출장 갔다가 우연히 LA '비비고 UCLA'에서 만났던 그날을 우린 아직도 말도 안 되는 인연이라며 이야기한다. 어느 순간 필연적으로 만나게 되는 사이인 듯. 최근 몇 년은 은아가 해외에 있다가 2021년 여름 귀국했다. 귀국하고 연락이 왔다. "서울에선 바빠서 못 보니 겨울방학 시작하면 얼굴 보러 갈게." 그렇게 찾아온 은아와 40대의 마지막을 제주의 가을 속에서 함께 즐기며 지나간 추억과 앞으로 우리가 살아야 할 미래에 대해 많은 이야기를 했다. 우리가 처음 만나 지금까지 인연이 이어질 줄 몰랐듯이 1년 전 우리는 이렇게 함께 책을 만들 줄 몰랐다.

프로필 사진을 찍던 날 다 함께 사진을 찍자고 모였는데 하필 생일 전날이라 서프라이즈 '생파'도 준비해준 그들에게 지면을 통해서 꼭 감사 인사를 하고 싶다. 서로가 서로를 의지하면서 동그란 바퀴가 돌듯 진심을 다해 책을 만들어준 오랜 친구들…. 그들을 보며 "나만 잘하면 된다" 100번 외치면서 함께 이 책을 완성했다.

책을 마감하면서

6년 전에 폐업한 가게의 단골 파티를 오랜만에 또 한다고 3년 만에 문자를 돌렸다. 나의 걱정과 달리 모두 너무나 반갑다며 기다렸다는 듯 답장을 해주었다. 다시 한번 '나는 참 인복이 많은 사람이구나' 생각하며 감사했다.

2019년, 몸도 마음도 너무 힘들어 다 때려치울까 했던 순간 3층 토끼섬 방을 청소하다가 침대에 잠시 걸터앉았는데 갑자기 들려왔던 아버지의 한마디! 이촌동 이꼬이를 정리할 때 말씀하셨던 바로 그 말이었다. "넌 10년을 못 하는 구나!" (오위소 케이터링을 정리할 때 "왜 남 좋은 일만 하느냐" 하셨다.) 왜 갑자기 그 말이 떠올랐을까? 그날 혼자 그랬다. 10년을 버티면 뭔가 좋은 일이 생기려나? 이렇게 책을 만들려고 했나? 책을 만들었으니 일단 앞으로 3년은 더해야 하지 않을까? 그러면 이꼬이(ikkoi) 브랜드를 만든 지 15년이 된다. 그리고 나서 2년만 더하면 이꼬이앤스테이 15년인데. 거기서 3년만 더하면 또 이꼬이 브랜드 20년이야. 이러면서 끝나지 않는 뫼비우스의 띠처럼 무한 반복을 하고 있으려나. 하! 하! 하!

점점 제주에 있는 시간이 더 길어지고 편해진다. 나이가 들어서일지도 모른다. 가끔 친구들이 "다음은 어디에서 할 거야?"라고 묻는다. 왜냐고 되물으면 이렇게 말한다. "응, 너 따라가려고. 부동산이 오르니까." 가끔 내가 하고 싶은 일이 무엇인지 나 자신에게 혼자 묻는다. 그리고 답을 찾아보지만 결국 제자리다. 정성 다해 준비해 가득 담아둔 음식 그릇이 설거지한 듯 깨끗하게 돌아오면 뿌듯하다. "팔자는 거스를 수 없고 보시 중 밥 보시가 제일 좋으니 밥을 열심히 해주라" 하시던 어머니의 말씀을 떠올리며 오늘도 해 뜨기 전 일어나 4층 세탁실로 나가 동쪽 사진 한 장 찍어 피드에 올리고 밥을 하려고 내려간다.

이꼬이에 놀러 왔어요

초판 1쇄 발행 2023년 3월 28일
초판 2쇄 발행 2023년 5월 4일

지은이 정지원
펴낸곳 이꼬이

기획·편집 오미자스튜디오(이치윤)
에디터 김은아
교정·교열 전남희
사진 일오스튜디오(이과용, 이현실, 류주엽, 박근성)
디자인 비스타디아(전용철, 강명석, 윤여울)
인쇄 조광프린팅

출판신고 2022년 12월 19일 제2022-000148호
주소 서울특별시 영등포구 여의대방로69길 7, 2층 210호
이메일 ikkoinstay@naver.com
전화 070-8239-9408

이 책은 저작권법에 따라 보호받는 저작물이므로 무단 전재와 복제를 금하며 책 내용의 전부 또는 일부를 이용하려면 반드시 저작권자와 이꼬이의 서면 동의를 받아야 합니다.

책값은 뒤표지에 있습니다.

잘못된 책은 구입처에서 바꿔드립니다.

©정지원, 2023

ISBN 979-11-982003-1-0